杉田あけみ 著

そのまま使える！

ビジネス文書

社内文書　　社外文書
ビジネスメール　　手書き文書

中央経済社

はじめに

　ビジネス文書をデザインする主役ツールはパソコンになりました。また，社内文書の多くが，そして社外文書でも取引文書の多くがメールにその座を奪われている感があります。

　しかし，紙ベースの文書は健在です。したがって，紙ベースの文書によるコミュニケーション能力を強化することは，ビジネス・パーソンにとって必須です。紙ベースの文書がデザインできれば，メールの文書もデザインできますが，逆はむずかしく感じるのではないでしょうか。

　そこで，正確に伝わるビジネス文書をデザインするための基本的事項をおさえた上で，メールおよび社内文書，社外文書のデザイン力を高めるために，本書はわかりやすく解説しています。

　なお，文書の起案を広義にとらえ，レイアウトなども含め，訴求効果のある文書という意味で，「文書のデザイン」という表現を用いています。

　序章「ビジネス文書のデザイン「こと始め」」で，正確に伝わるビジネス文書をデザインするスタートラインに立つための基本となる知識をおさえました。

　第1章「正確に伝わるビジネス文書」は，受信者が誤解しないわかりやすい文書をデザインするための基本的事項です。

　作家が書いた文といえども，「形の整っていない並列」が見受けられるといった例などをコラムで紹介しています。

　第2章「ビジネス文書デザインの主役ツールはパソコン（文書デザインのステップとそのポイント）」では，パソコン上で文書をデザインしていく方法を示しました。筆者が以前述べた「文書のデザイン効率を高めるワープロ活用法」のアップグレード版です。

　また，「パソコン文書か，手書き文書か」を補論で展開しています。

第3章「ビジネス電子メールのデザイン」では，ビジネスで送受信するメールは，すべて「ビジネス文書」であると述べました。したがって，ビジネスでメールを活用するための心得，デザインのポイントをまとめました。

　その上で，メールでの受発信が多いと思われる社内メール，社外メールの文例を挙げました。

　第4章「社内文書のデザイン」，第5章「社外文書のデザイン」は，デザインのポイント，書式の説明，文例です。従来の書式にこだわらない文例も一部反映させました。

　なお，リデザイン（redesign：より良い文書への修正）をお勧めしたい文例は，その点を記してありますが，リデザイン文書は本書では示しませんでした。本書を手にしてくださった皆さまが，リデザイン文書を思い浮かべた上で，中央経済社ウェブサイトの本書紹介ページからダウンロードを試みていただければとの思いからです。

　第6章「はがきと封書」は，はがきと封書の使い分け，はがきの活用，はがきのデザイン，封筒のデザインです。

　第7章「文書関連知識」では，ビジネス文書（社外文書）を構成する要素，社印（会社の印章），忌言葉を取り上げました。

　「巻末資料」には，公用文作成の要領，文章記号，現代仮名遣い，送り仮名の付け方，外来語の表記，印刷校正記号などがあります。

　「文章記号の使い方」，「送り仮名の付け方の説明と例」，「外来語の表記　留意事項その2（細則的な事項）」，「印刷校正記号表（抜粋）」も，中央経済社ウェブサイトからのダウンロード形式になっています。

　ビジネス文書をデザインしていく上での基本を理解し，書くコミュニケーション能力を高めていくために本書が少しでもお役に立つことを願っております。

　なお，本書は短期大学や専門学校で，ビジネス文書を学ぶ学生のテキストとしても役立つようにまとめてあります。

最後に，本書の出版にあたり，大変お世話になりました中央経済社ホールディングスの山本時男代表取締役最高顧問および中央経済社の市田由紀子副編集長に心からお礼を申し上げます。

2019年2月

著　者

目　次

はじめに

序　章　ビジネス文書のデザイン「こと始め」　1

1．一文の重要性　1
2．文，文章，文書，ビジネス文書　2
　　(1) 文
　　(2) 文　章
　　(3) 文書，ビジネス文書
3．文書はビジネスにおけるコミュニケーション・ツール　5
4．メモも重要なビジネス文書　7
　　(1) 社内文書
　　(2) 社外文書
5．業務遂行上必要な文書は，必要に応じて直ちに入手　11

コラム序－1 文書管理規程　5
コラム序－2 文書主義の原則　7
コラム序－3 ツリー構造　14

第1章　正確に伝わるビジネス文書　15

1. 文書の組み立て　15
   - (1) 内容を正確に
   - (2) わかりやすく
   - (3) 迅速に
   - (4) 常体・敬体の統一を
2. 文の長さ　17
3. 文の組み立て　18
   - (1) 主語と述語
   - (2) 修飾語
   - (3) 助詞
   - (4) 並列
4. 敬語　23
   - (1) 尊敬語
   - (2) 謙譲語Ⅰ
   - (3) 謙譲語Ⅱ（丁重語）
   - (4) 丁寧語
   - (5) 美化語
   - (6) 2つ以上の種類の敬語にわたる問題
5. 表記　33
   - (1) 用字
   - (2) 用語
   - (3) 文章記号（くぎり符号，くりかえし符号）

　コラム1-1　形の整っていない並列　22
　コラム1-2　敬語の5分類　24

第2章 ビジネス文書デザインの主役ツールはパソコン（文書デザインのステップとそのポイント）—— 37

1. デザインする文書のポイントを入力　38
2. 文書の中心部分をデザイン　39
3. 頭語, 前文, 末文, 結語などをデザイン　40
4. 文書全体のデザイン　41
5. デザイン後の最終文書をチェック　42

補論 パソコン文書か, 手書き文書か　44
　　(1) 印刷文書やパソコン文書に添えられた手書き文書
　　(2) 手書き文書

コラム2－1 「ーませ」48

第3章 ビジネス電子メールのデザイン —— 51

1. ビジネスでメールを活用するための心得　52
　　(1) 会社のメール, チェックされても大丈夫？
　　(2) ビジネスのメールであるとの自覚
　　(3) メールの仕分け（分類）
2. デザインのポイント　54
　　(1) メールの書式
　　(2) 前文と末文
　　(3) 本　文
　　(4) 添付ファイル
　　(5) 送信前のチェック
3. 社内メール　65

　　　　(1) 通知の例　販売戦略会議のお知らせ，健康診断（通知）
　　　　(2) 依頼の例　部内ミーティング日程変更のお願い
　　　　(3) 案内の例　新入社員歓迎会のご案内
　　　　(4) 照会の例　EXシリーズの出荷と在庫との状況について（照会）
　　4．社外メール　69
　　　　(1) 通知の例　一次採用試験のお知らせ
　　　　(2) 依頼の例　カタログ送付のお願い
　　　　(3) 注文の例　「○○○（商品№○○－○）」の追加ご注文について
　　　　(4) 照会の例　請求金額についてのご照会
　コラム3-1　件名こぼれ話　56
　コラム3-2　メールの形式　66
　コラム3-3　ビジネスのメールはテキスト形式に設定というう通説　73

第4章　社内文書のデザイン　75

　　1．デザインのポイント　75
　　　　(1) 一文書一件主義
　　　　(2) 情報を正確に表現
　　　　(3) 簡潔でわかりやすい機能的な文書
　　　　(4) 5W2Hと箇条書きの活用
　　2．書　式　77
　　3．文　例　83
　　　　(1) 指示・伝達・調整文書

　　　　(2) 提案・報告・届出文書
　　　　(3) 記録文書
　　コラム4-1　本則の書き方　90
　　コラム4-2　附則の書き方　92

第5章　社外文書のデザイン ───── 133
　1．デザインのポイント　133
　　　(1) 一文書一件主義
　　　(2) 情報を正確に表現
　　　(3) 簡潔でわかりやすく印象の良い文書
　　　(4) 5W2Hと箇条書きの活用
　2．書　式　135
　3．文　例　140
　　　(1) 取引文書
　　　(2) 社交文書
　　コラム5-1　上司のお礼状に私的事項を書き添えた秘書
　　　　　　　134

第6章　はがきと封書 ───── 197
　1．はがきと封書との使い分け　197
　　　(1) 封書を活用したい文書
　　　(2) はがきを活用したい文書
　2．はがきの活用例　200
　　　(1) 事務所移転，転任
　　　(2) 担当者交代

(3) 電報はがき
　3．はがきのデザイン　204
　　　(1) 返信はがきのデザイン
　　　(2) コミュニケーション手段としてのはがきのデザイン
　4．封筒のデザイン　208
　　コラム6−1　用紙の規格　200
　　コラム6−2　封筒の規格　217

第7章　文書関連知識　219

　1．ビジネス文書（社外文書）を構成する要素　219
　　　(1) 頭語と結語
　　　(2) 時候の挨拶
　　　(3) 安否の挨拶
　　　(4) 感謝の挨拶
　　　(5) 主文起辞
　　　(6) 主　文
　　　(7) 末　文
　2．社印（会社の印章）　228
　　　(1) 印章の種類
　　　(2) 印章のおし方
　　　(3) 契印と割印
　　　(4) 訂正印と捨印
　　　(5) 消　印
　　　(6) 社印の管理
　3．忌言葉，忌詞　236
　　　(1) 忌言葉とは

(2)　文書別忌言葉
　コラム7-1　印章，判，印判，判子，印顆，印形，印，印鑑，
　　　　　　印影　220
　コラム7-2　「押印」と「捺印」　227
　コラム7-3　署名と記名押印，署名と記名捺印　234

巻末資料 ────────────── 239
　1．公用文における漢字使用等について　239
　　　(1)　漢字使用について
　　　(2)　送り仮名の付け方について
　2．公用文作成の要領　242
　　　(1)　用語について
　　　(2)　用字について
　　　(3)　地名の書き表し方について
　　　(4)　人名の書き表し方について
　3．主な用語用字について　246
　4．文章記号（くぎり符号，くりかえし符号）　249
　5．現代仮名遣い　251
　6．送り仮名の付け方　254
　7．外来語の表記　256
　8．印刷校正記号　258

引用・参考文献　259

序章

ビジネス文書のデザイン「こと始め」

　文書によるコミュニケーション能力を強化することは，ビジネス・パーソンにとって必須です。正確に伝わるビジネス文書をデザインするスタートラインに立つための基本となる知識をまずはおさえておきましょう。

1．一文の重要性

　本題に入る前に，「TEL（電話）します」という「一文」（本章2節(1)「文」参照）について触れておきます。
　自席の机上に置かれている「○○の◇◇サマからTELがありました。TELします」というメモが目に入りました。「◇◇さんから電話がかかってくる」と思いますか。「こちらから◇◇さんに電話をかける」と思いますか。個人差もあるでしょうが，年齢差も大きいと思われます。
　「誰が読んでも同じ解釈になる日本語でメモを書けるようにしてください」との依頼を，新入社員研修の打ち合わせ時に受けたことがあります。20代の従業員が書くメモは，管理職クラスとは解釈に差異が生じることがあります。電話応対業務の実習前に，この問題を質問すると，「こちらからかける」と理解する者が，1割強から2割ほどいます。
　電話の取次者がかけ手に伝えるのは，言うまでもなく取次者の意思です。したがって，「××さんが，お戻りになりましたら，お電話をいただきたいのですが……」と伝言を依頼された場合，「戻りましたら，◇◇様にお電話をする

ように申し伝えます」といった返答になるでしょう。

　しかし，「戻りましたら，電話します」という取次者が増えています。取次者は，「受け手が戻ってきたら，受け手に電話させます」という意味で，使っているのです。「電話します」という伝言メモは，「こちらからかける」ことだという取次者がいるのもわかります。

　この伝言メモを認めているわけではありません。ただ，誰の意思を伝えているのかが明確ではない会話を耳にしたり，そのような文を目にしたりする機会は増えています。

　ビジネスにおいて誤解が生じれば，取引において莫大な損失を被ったり，企業の信頼を失ったりしかねません。本章と次章で，ビジネス文書の基本を身につけ，「電話します」的な一文を書くことのないようにしましょう。

2．文，文章，文書，ビジネス文書

　ビジネスの現場でのコミュニケーション手段には，「文書」と「口頭」とがあります。どちらも重要ですが，口頭でのコミュニケーションにおいても，文書によるコミュニケーションが介在しています。ビジネス現場での文書によるコミュニケーション・ツールが「ビジネス文書」です。

　したがって，ビジネスの過程でデザインされ，活用される文書は，すべてビジネス文書といえます。この説明だけでは，ビジネス文書の具体的イメージは描きにくいでしょう。

　そこで，ビジネス文書とは，「このような文書です」という理解を深めるために，「文」，「文章」，「文書」の定義をみておきます。その上で，「ビジネス文書」について具体的イメージをつかんでいくことにします。

(1) 文

　「書き出しから句点（。）までがあまりにも長い文は，読みにくいものです」（辰濃（1994）p.178）。辰濃が述べているように，「文」とは，書き出しから句点までを指し，「一文」（「一つの文」（新村編（2018）p.176））と表現されることもあります。一文には，「短い文章，ちょっとした文章」（新村編（2018）

p.176）という意味もあります。

『広辞苑〈第7版〉』には，「文」についての説明が，7項目載っています。ここでいう文の説明は5項目です。5項目の説明には，「〔言〕（sentence）形の上で完結した，一つの事態を表す言語表現の一単位。通常，一組の主語と述語とを含む。構造上，単文・重文・複文の三種類に分け，また，機能上，平叙文・疑問文・命令文・感嘆文の四種類に分ける」とあります。

単文・重文・複文と平叙文・疑問文・命令文・感嘆文の意味についても，『広辞苑〈第7版〉』で確認しておきます。

「単文」は，「（simple sentence）主語と述語の関係を一組だけ含む文。一つの節から成る文」です。「重文」とは，「（compound sentence）主語・述語の関係が成り立つ部分が，対等の資格で結ばれている文。合文。「花は咲き，鳥は歌う」の類です。「複文」は，「（complex sentence）主節と従属節から成る文。「誰もが雪が降ると思っている」「雪が降ると電車が止まる」「雪が降る日は寒い」の類です。

「物事を主観をまじえず，ありのままに述べる文」が「平叙文」です。「疑問文・命令文・感嘆文などに対していう」ともあります。「疑問または反語の意を表す文」を「疑問文」と言います。「命令や禁止の意を表す文」が「命令文」です。「過度な程度や特殊な状態に感嘆や驚嘆を表す文」が「感嘆文」です。「感動文」とも言います。

(2) 文　章

「名文と呼ばれる文章を見ても，センテンスの長さは意外にバラバラです」（藤原（2011）p.57）。ここからは，「センテンス」，つまり「文」が集まったものが文章であると理解できます。この点については，『広辞苑〈第7版〉』の「文章」の説明「文よりも大きい言語単位で，通常は複数の文から構成されるもの。それ自身完結し統一ある思想・感情を伝達する」からも明らかです。

前出の藤原は，「ワルツが「ワン，ツー，スリー」と繰り返してリズムを生み出すように，文章も長さの異なるセンテンスの組み合わせでリズムがつくられるように感じます」（藤原（2011）p.58）とも述べています。

そこで，「文よりも大きい言語単位で，通常は長短のある複数の文から構成

されており，それ自身完結し統一ある思想・感情を伝達するもの」を，本書での文章の定義とします。

(3) 文書，ビジネス文書

「文書」とは，「(古くはブンジョとも) 文字や記号を用いて人の意思を書きあらわしたもの。かきもの。ふみ。もんじょ」(新村編 (2018) p.176) のことです。この説明からは，文書を書いた者には，その内容を伝えたい相手がいることがわかります。したがって，文書によるコミュニケーションは，書き手（以下，発信者）と読み手（以下，受信者）との間で成立します。

「ビジネス文書」について具体的にみていきます。ビジネス文書とは，どのような文書なのでしょうか。その答えは，各企業が独自に作成している「文書管理規程」(**コラム序－1**参照) の中にあります。文書管理規程の「第1章 総則」の第2条で示されていることがほとんどです。以下で，三例ほどみておきます（条文の番号は第○条としました）。

(定義)
第○条　この規程で文書とは，社内または社外で作成されたすべての書類，印刷物その他の記録（電子媒体に記録されたものを含む）をいう。ただし，図書，雑誌等の刊行物は含まない。

(用語の定義)
第○条　この規程で用いる用語を次のように定義する。
　一　文書　社外からの通知，調査，照会，回答等，社内の通達，帳票等，業務に関する一切の書類をいい，電子伝票，電子メール等紙以外の業務上の書類を含む。

(適用文書の範囲)
第○条　この規程の適用を受ける文書は，業務遂行の過程で作成または取得した書類，規程，稟議書，契約書，注文書，報告書，伝票，帳簿，図表，その他業務に必要な一切の記録であり，一定期間保存を要するものである。
　2　前項の文書には，紙以外のもの（マイクロフィルム，磁気テープ，光ディスク，磁気ディスク等の電磁的記録）も含む。

以上からは，企業によって表現は多少異なるものの，「ビジネス文書」とは，業務に関する一切の記録であることがわかります。記録には，紙と電子媒体とが使用されています。

> **コラム 序-1**
>
> **文書管理規程**
>
> 「文書規程」，「文書取扱規程」といった名称を使用している企業もあります。企業における文書の取り扱い（文書の作成，文書の受発信，文書の整理・保管，保存・廃棄など）について定めたものです。
>
> その内容は，企業規模，業種などによって違いがあります。とは言え，文書業務の効率化を図り，関係者間の連絡，保存の責任等を明確にするという規程の目的は，どの企業もほとんど同じです。
>
> 文書規程の内容構成の一例を，以下に示しておきます。
>
> | 第1章 総則 | 規程の目的，用語の定義（含：文書の定義），文書の区分，文書管理組織 |
> |---|---|
> | 第2章 文書の作成 | 用紙の規格，文体・用字および用語，文書記載事項および様式，草案作成，複写 |
> | 第3章 文書の受発信 | 受発信単位，受発信の主管，機密・重要文書の受付・配付，普通文書の受付・配付 |
> | 第4章 文書の処理 | 処理，成文化，処理手続き |
> | 第5章 文書の整理・保管 | 文書の整理，文書の保管，重要文書の保管 |
> | 第6章 文書の保存・廃棄 | 文書の保存，保存期間，保存方法，文書の引継ぎ，文書の廃棄手続き，文書の廃棄方法 |
>
> なお，文書管理規程の円滑かつ確実な実施を図るためには，文書の取り扱いについての具体的細目を定めたもの（名称は，「文書管理マニュアル」，「文書事務取扱要領」など）も必要です。文書管理規程「第1章 総則」において，その旨を明記している条があります。以下で，みておきましょう。
>
> **（文書管理マニュアル）**
> 第〇条 この規程の円滑かつ確実な実施にあたっては，別に定める「文書管理マニュアル」に基づくものとする。

3. 文書はビジネスにおけるコミュニケーション・ツール

ビジネスにおける情報の伝達・処理は，多くが文書（「書く・読む」のコミュニケーション）によって行われます。「違います。日常業務では，情報の

伝達・処理は口頭（「話す・聴く」のコミュニケーション）が，圧倒的に多いと思います」との声もあるでしょう。そのとおりですが，口頭での情報の伝達・処理においても，文書が介在していませんか。

　指示を受けている状況を思い浮かべてみましょう。指示を受けている者（聴き手）は，指示を出している者（話し手）の指示情報を聴きながら，メモを取ります。そして，指示情報を確認にするために，メモを見ながら復唱します。口頭での情報の伝達といっても，その場でメモという文書がデザインされます。メモは正式文書としてデザインされ，文書による情報の伝達・処理となる場合もあります。

　このように，ビジネスにおいて，情報の伝達・処理を文書で行うことを「文書主義の原則」（**コラム序－2参照**）と言います。ビジネスでは情報の伝達・処理を，「文書主義の原則」で行うのはなぜでしょうか。

　口頭で情報の伝達・処理を行った場合，「ミスが起こりやすい」，「記憶があいまいになりやすい」，「証拠が残らない」などの問題が生じる可能性が高くなります。口頭による情報の伝達・処理において，「メモ」がデザインされることはすでに述べたとおりです。メモは口頭での情報の伝達・処理の欠点を補う大事な文書なのです。

　文書には，以下に示す役割があります。

- ☑ 情報の伝達
    情報の内容を間違いなく，正しく伝達できる
- ☑ 情報の保存
    情報が記録されているので，保存ができる
- ☑ 情報の確認
    必要に応じて活用できるので，確認ができる
- ☑ 後日の証拠
    問題が生じたときなどは，証拠資料として役立つ

> **コラム 序-2**
>
> **文書主義の原則**
>
> 　文書規程において,「文書化の原則」,「成文化」といった表現も見られます。表現は異なっていても,ビジネスに必要な情報の処理を文書で行うことを定めている点は,ほとんど同じです。文書管理規程「第1章　総則」において,その旨を明記している条があります。以下で,みておきましょう。
>
> （成文化）
> 第〇条　業務の処理は,文書をもって行うものとする。ただし,業務の性質上,文書によることが適当でないもの,軽易な事項で事後の処理を明確にする必要のないものについてはこの限りではない。
> 　2　緊急等やむを得ない理由のため,口頭で処理した事項は,その内容を事後速やかに記録しておくこととする。

4．メモも重要なビジネス文書

　口頭での指示は,メモを取ると前節で述べました。それ以外に,すぐに思い浮かぶのが,伝言を依頼された場合の伝言メモではないでしょうか。伝言メモは,受信者にとって重要なビジネス文書です。したがって,受信者が見てわかるメモを,誤解や勘違いをされないようにデザインする必要があります（本章1節「一文の重要性」,第4章3節(1)⑫「メモ」参照）。

　指示された仕事が終了した後,指示内容がデザインされたメモは,どうしていますか。くず入れに捨ててしまったメモを,拾った経験はありませんか。それでいいのでしょうか。日々の仕事で頻繁にデザインされるメモは,重要なビジネス文書であることを理解していれば,メモをくず入れから探すことはないはずです。この点についても,「第4章3節(1)⑫「メモ」」でみていきます。

　メモも重要なビジネス文書,では他にどのようなビジネス文書があるのでしょうか。本章2節で文書管理規程を3例挙げました。企業によって表現は多少異なるものの,「ビジネス文書」とは業務に関する一切の記録であること,記録には紙と電子媒体が使用されていることがわかりました。

　このようなビジネス文書を,本書では,大きく社内文書と社外文書とに分類

しています。

(1) 社内文書

組織内のメンバーの意思疎通を図り、円滑に仕事を進めていく役割を果たしているのが社内文書です。上司・部下間、部門内、部門間で受発信されます。

本書で取り上げる社内文書は、「指示・伝達・調整文書」、「提案・報告・届出文書」、「記録文書」に分けています（**図表序－1**）。図表序－1で示されている各文書のデザインに関しては、第4章3節でみていきます。

図表序－1 社内文書の種類

指示・伝達・調整文書	
通達文	企業や業務に関する重要事項を、企業内の全員、全管理職、部門内の全員などへ示達するための文書 　　社則、社内規程などの制定・改定に関する通達、業務に関する通達、全社的な行事に関する通達、など
指示文	企業内での上部から下部への業務遂行上の指示、勧告、要望などを具体的に伝えるための文書 　　目標達成の指示、書類提出の指示、時間外労働削減の指示、など
規程文	企業が任意に制定する社内の制度や事務手続きなどの基準を定めた文書 　　職務分掌規程、給与規程、旅費規程、文書管理規程、など
稟議書	決裁権のある人に決裁、承認を得るための文書 　　経営方針関係、人事関係、発注・購入関係、など
通知文	事実や業務上の決定事項などを受信者に知らせるための文書 　　会議開催の通知、人事異動の通知、健康診断の通知、など
依頼文	広義での業務にかかわる依頼をするための文書 　　社内講師派遣の依頼、推薦の依頼、執筆の依頼、など
案内文	社内行事や催物などへの参集を促すための文書 　　社販の案内、歓迎会や歓送会の案内、レクリエーションの案内、親睦旅行の案内、など
掲示文	カフェテリア、談話室、喫煙ルームなどに掲出し、大多数の従業員に情報を伝えるための文書 　　社内行事の案内、提携クラブ利用の案内、社販の案内、など
回覧文	部門内全員に確実に知らせたり、案内したりするための文書 既読者は押印またはサインをして、次の人に渡す 　　人事異動のお知らせ、商品斡旋の案内、歓迎会や歓送会の案内、など
照会文	業務上の疑問点や不明点、確認したい事項、詳しく知りたい事項などを問い合わせるための文書

	商品在庫の照会，販売実績の照会，施設使用実績の照会，など
回答文	照会文への回答をするための文書（依頼文に対する回答もある） 　商品在庫の回答，販売実績の回答，施設使用実績の回答，など
メモ	伝言依頼者からの伝言内容，ちょっとした報告・連絡・相談，上司などからの口頭での指示や伝達を記録するための文書 　伝言メモ，連絡メモ，ホウレンソウ（報・連・相）メモ，指示・伝達事項記録メモ，など
提案・報告・届出文書	
提案書	現状の課題，問題点を指摘し，業務効率を上げるための改善策を提案するための文書 　職場環境に関する提案，会社案内およびホームページ上の情報の掲載に関する提案，など
企画書	企業方針にそった新規事業，広報，イベントなどの計画を具体化させるための文書 　キャンペーン実施の企画，出店計画，説明会開催企画，など
報告書	業務の状況，調査の結果などを上部に報告するための文書 　日報，週報，月報，出張報告書，受講報告書，調査報告書，事故報告書，など
届書	就業規則等で定められた事項について，従業員が会社に提出するための文書 　変更届，異動届，育児休業申請書，休職届，休暇届，など
記録文書	
議事録 記録書	会議や部門内などの打ち合わせでの発言，経過，決定事項を記録しておくための文書 　取締役会議事録，部門会議議事録，検討委員会議事録，部内定例ミーティング記録，部内業務打ち合わせ記録，など
各種記録・ 統計データ	人事関係，営業関係，経理関係などの記録を残しておくための文書 　人事考課記録，売上表，慶弔贈答品管理表，など

(2) 社外文書

　企業は他の企業と，文書を介して仕事を遂行していきます。また，潤滑油的な文書を介して，企業は他の企業との良好な関係の維持に努めます。このように企業間で受発信されるのが社外文書です。

　本書で取り上げる社外文書は，仕事に直結している「取引文書」，仕事に直結していない「社交文書」に分けています（**図表序−2**）。図表序−2で示されている各文書のデザインは，第5章3節でみていきます。

図表序-2 社外文書の種類

取引文書	
通知状	取引先などに対して，一方的にこちらの事情や決定事項などを知らせるための文書 　　業務通知，変更通知，移転通知，会合通知，など ※案内状や挨拶状のほうが望ましい場合もある
依頼状	何らかのお願いをするための文書 　　変更依頼，送付依頼，見学依頼，執筆依頼，講演依頼，など
申込状	種々の取引に関して，こちらの意思を伝え，相手の意思（同意）を求めるための文書 　　新規取引の申し込み，代理店契約の申し込み，出店の申し込み，など
注文状	商品を購入する，サービスの提供を受けるなどの意思を相手に伝えるための文書 　　商品の注文，見本品の注文，追加の注文，など
照会状	疑問点や不明点，確認したい事項，詳しく知りたい事項などを問い合わせるための文書 　　着荷品違いや着荷品数量不足の照会，売掛金残高の照会，人事に関する照会，など
回答状	問い合わせに対する返事をするための文書 　　着荷品違いや着荷品数量不足の照会に対する回答，売掛金残高の照会に対する回答，人事に関する照会に対する回答，など
承諾状	申し入れ（依頼，申し込み，注文など）を引き受ける旨の意思表示をするための文書 　　変更依頼に対する承諾，新規取引の申し込みに対する承諾，商品の注文に対する承諾，など
謝絶状 （断り状）	申し入れ（依頼，申し込み，注文など）を断る旨の意思表示をするための文書 　　変更依頼に対する断り，新規取引の申し込みに対する断り，商品の注文に対する断り，など
督促状	約束事項（契約，債務など）の不履行に対して，履行を促すための文書 　　商品代金の督促，納品の督促，見本品の督促，など
抗議状 （苦情状）	不当な行為に対して，その事実を知らせ，善処を求めるための文書 　　不良品納入に対する抗議，類似商号に対する抗議，納品ミスに対する抗議，など
詫状	督促や抗議に対するお詫びの文書 ミスや手落ちがあった場合は陳謝状 　　支払遅延のお詫び，納品遅れのお詫び，など 当方のミスや手落ちではないが，結果として迷惑をかけたり，損害を与えたりした場合は弁解状 　　不良品納入に対するお詫び，納品の遅れに対するお詫び，など

社交文書	
挨拶状	企業や企業における個人の状況を関係先に知らせ理解してもらい，一層の支援協力をお願いするための文書 　　本社移転の挨拶，社名変更の挨拶，就任の挨拶，辞任の挨拶，など
案内状	商取引に関連する会合，行事，催し物などへの参加を促すための文書 　　展示会の案内，ゴルフコンペの案内，新製品発表説明会の案内，など
招待状	企業が主催する行事へ招待するための文書 　　新社屋落成披露の小宴，設立○○周年記念式典，工場落成式，など
祝賀状	企業や企業における個人の慶事に対して，祝意を伝えるための文書 　　新社屋落成，設立○○周年記念，就任，栄転，叙勲，など
見舞状	企業や企業における個人の災害，事故，怪我，病気などに対しての励ましやいたわりのための文書 　　火災見舞い，交通事故見舞い，豪雨見舞い，など
弔慰状 （お悔み状）	訃報に対して，哀悼の意を表するための文書 　　組織における個人の逝去，組織における個人の家族の逝去，など
礼状	慶弔禍福に対する相手からの厚意に対して，謝意を表すための文書 　　就任祝いの返礼，栄転祝いの返礼，事故見舞いの返礼，など
紹介状	企業，人などを第三者に仲介するための文書 　　アウトソーシング先の紹介，人物の紹介，など
推薦状	企業，人などを推奨するための文書 　　納入業者の推薦，人物の推薦，など

5．業務遂行上必要な文書は，必要に応じて直ちに入手

　日々の業務において，多くの文書が発生します。担当者としてデザインする文書はもちろんのこと，収受する文書もあります。これらは，紙文書だったり，電子文書だったりします。

　電子文書でも紙文書でも効率よく活用するためには，組織として文書を管理するファイリングシステムが重要になります。ファイリングシステムとは，「必要な文書が，誰でも迅速に検索，利用できるようにしておくための管理方法」です。個々人で文書を管理しないで，不要な文書を廃棄し，文書のサイクル（発生→整理・保管→保存→廃棄）により，文書を滞留させないようにします。

　本節では，発生後の利用頻度の高い文書に焦点を当てています。したがって，

文書のサイクルでみますと,「整理・保管」になります。

文書管理規程(本章2節コラム序-1参照)には,「文書の整理・保管」に関する章があります。その章の「文書の整理」と「文書の保管」との条および文書管理マニュアル(同コラム序-1参照)の両条に関する具体的な方法の例を,以下に示します(**図表序-3**)。

図表序-3　「文書の整理・保管」に関する文書管理規程と
　　　　　　　文書管理マニュアルとの例

文書管理規程
第○章　文書の整理・保管
(文書の整理) 第○○条　文書は,原則として各部門において整理する。 　　　　2. 文書は処理済みのものと未処理のものとを明確に区分して整理するとともに,担当者が不在の場合でも,業務に支障がないよう,常に所定の場所に保管し,散逸を防ぐ。機密を要する文書は,その機密保持に適した方法で保管する。 (文書の保管) 第○○条　文書の保管は,原則として各部門において行う。 　　　　2. 文書の保管期間は,原則として処理が済んだ日から6ヵ月以上とし,その年度末をもって満了とする。 　　　　3. 保管を要しない処理済文書は直ちに廃棄することができる。
文書管理マニュアル
第○章　文書の整理・保管
○. 文書の整理・保管(規程第○○条,第○○条) (1)　**未処理文書と処理済み文書との区分の明確化** 　文書は,すべて未処理文書(処理中の文書)と処理済文書(処理の済んだ文書)とを明確に区分して整理し,担当者が不在の場合でも,業務に支障がないように,特に未処理文書は次号に定める要領で整理しておく。 (2)　**未処理文書の整理** 　ア. 未処理文書は,各部門において,決められたキャビネット等に入れ,散逸を防ぎ,処理の経過を明らかにしておく。 　イ. 未処理文書は,できるだけ私有しないように心がけ,関係者の検索・閲覧が容易に行えるよう一括整理しておき,業務しない時間は必ずそのキャビネットに入れておく。 　ウ. 未処理文書は,なるべく1件ごとにフォルダーに入れ,整理し,処理に急を要する文書は赤付箋を添付し,閲覧者が見分けやすいようにしておく。 (3)　**処理済み文書の保管** 　ア.「処理済み」とは,通常の業務処理,回覧,決済,回答,報告等,その文書に必要な処理が終了したことをいう。 　イ. 処理済文書は,各部門が分類したフォルダーに入れ,各部門で決められた場所に保管しておく。

ウ．「機密文書」は，内容が他に漏れないように注意し，一般文書と区別して鍵のかかるキャビネット等に保管する。
(4) ファイルの整理
　ア．整理の基準
　　①整理の範囲が的確かつ具体的である（使いやすい，探しやすい，迷わない）。
　　②職務分掌に準拠している。
　　③整理の単位は，互いに排他的である。
　イ．整理の方法
　　各部門の業務内容に応じて，整理した文書を活用しやすいように，次の整理法を単独または2つ以上組み合わせて用いる。

名前別	取引先名，部門名，地区名，人名などで文書を整理する方法　例：山本産業㈱，大阪市
主題別	文書の内容を要約した主題で整理する方法　例：採用選考
種類別	包括的な名称をもとに，同種の文書を整理する方法　例：契約書，報告書
一件別	事案またはプロジェクトなどの発生・経過・終結までの文書を一括整理する方法　例：大山営業所開設プロジェクト
数字別	時間の経過（年，期，月，旬，週，日），一連番号などで文書を整理する方法　例：4月度日計表

(5) 保管を要しない処理済文書は，原則として細断のうえ廃棄する。

　文書管理マニュアルに従って，文書を整理・保管するとどのようになるのでしょうか。新卒採用KSG職への各応募者のデータをパソコンのサーバー内の人事部ドライブにフォルダーで整理・保管した場合を例に挙げると，ツリー構造（**コラム序－3**）になります。

コラム 序-3

ツリー構造

　データ構造の一種。一つの要素が複数の要素への分岐情報を持つ階層的な構造。要素の連結状態が枝分かれをした木のように見えることからいう。木構造（新村編（2018）p.1968）。

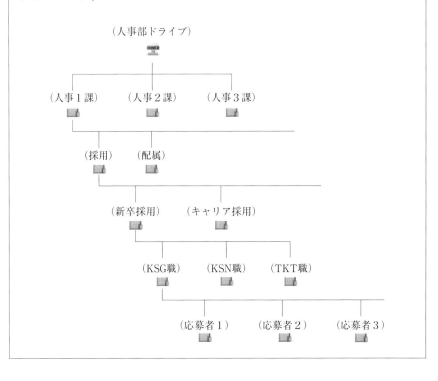

第1章

正確に伝わるビジネス文書

　発信者の意図が受信者に正確に伝わることによって，ビジネス文書はコミュニケーション・ツールとしての役割を果たします。したがって，受信者の立場に立って，受信者が誤解しないわかりやすい文書をデザインするように心がけましょう。

1．文書の組み立て

　ビジネス文書において，発信者から受信者へ伝達する情報には，発信者の要望が明確に記されていなければなりません。そのために，発信者は，受信者が誰なのか，そしてその受信者に何を伝えるのかという目的を明確にする必要があります。
　そのうえで，以下の点を踏まえた文書をデザインします。

(1) 内容を正確に

　「内容を正確に」とは，以下の条件を満たしたビジネス文書を客観的な視点でデザインすることです。

- ☑ 正確な情報がモレなく確実に記されている
- ☑ 論旨が首尾一貫している
- ☑ 誰が読んでも同一内容であると理解できる

- ☑ あいまいな表現がない
- ☑ 事実と推測が混在していない（推測は書かない）

(2) わかりやすく

　「わかりやすく」とは，以下の条件を満たした訴求効果のあるビジネス文書をデザインすることです。

- ☑ 結論をはっきり示して，それを先に書く（この条件に合わない文書もある）
- ☑ 短文を心がける
- ☑ 簡潔明瞭に書く
- ☑ できる限り箇条書きを活用する
- ☑ 平明な表現を用いる

(3) 迅速に

　「迅速に」とは，以下の条件を満たしたビジネス文書を，コスト意識をもち，不要な時間をかけないでデザインすることです。

- ☑ 書くべき情報を整理する
- ☑ 主題を明確にする
- ☑ 内容を確定する
- ☑ 文書全体の構成を決定する
- ☑ 時機を逸しないように書く

(4) 常体・敬体の統一を

　口語文の文体には，常体（である体）と敬体（です体，ます体，ですます体）があります。常体と敬体との区別は，形の上ではっきりしています。常体と敬体を混用した文書は，読み手に心理的抵抗や違和感を与えることになります。したがって，文書の種類にふさわしい同一文体でデザインします。

　では，ビジネス文書の文体は常体でしょうか，敬体でしょうか。ビジネス文書の多くは，敬体で書きます。この点については，「公用文作成の要領」の

「第2　文体について」の以下に示した内容からもわかります。

　公用文の文体は，原則として「である」体を用いる。ただし，公告・告示・掲示の類ならびに往復文書（通達・通知・供覧・回章・伺い・願い・届け・申請書・照会・回答・報告等を含む。）の類はなるべく「ます」体を用いる。

2．文の長さ

　文の長さは，文章の種類によっても異なります。文化庁編（1995）「よい文章を書くために」をみると，次のように書いてあります。「従来の幾つかの調査によれば，総合雑誌などの論説的な文章や新聞記事では，文の長さの平均が80字前後，小説の地の文では，平均60字前後と報告されているので，それが大体の目安になる」（『言葉に関する問答集 総集編』p.662）。

　また，「文の長さ」について，辰濃（1994）は，「新聞のトップ記事なんかを読んでいますと，書き出しから句点までが130字を超える文があります。文の長さの平均が70字を超えることがあります。…略…。100字以上も句点がない文がいくつも続くと，いかにも「重い」という感じになります」と述べています（『文章の書き方』p.179）。

　「平明な文章を志す場合は，より長い文よりも，より短い文を心がけたほうがいい。新聞の短評を書いていたころ，文の長さの目安を平均で30字から35字というところに置いていました」とも辰濃は述べています（『文章の書き方』p.178）。

　本章1節(2)「わかりやすく」の項目の1つに「短文を心がける」と書きました。長すぎる文は読みにくいだけではありません。内容がわかりにくかったり，誤解を生んだりすることがあります。ビジネス文書の文の長さの目安は，平均50文字前後が良いのではないでしょうか。

　長すぎる文を書かないためには，以下の点に気をつけましょう。

☑ 1つの文には1つの内容を書く
☑ 1つの文で接続語を何回も使用しない
☑ 1つの文で中止法を何回も使用しない

3．文の組み立て

　文は，それを構成する各要素が互いに関係しあって組み立てられています。したがって，要素間の関係が正しく整っていなければ，筋の通った文とはいえません。なお，要素間の関係が正しく整っていてもわかりにくい文もあります。

(1) 主語と述語

　主語と述語との関係が正しく整っていないと，どのような文ができるのかをみていきましょう（図表1－1）。

図表1－1　主語と述語との関係が正しく整っていない文

述語がない	今回の改正で<u>一番重要な点は</u>，理事の選出方法が変わり，次年度から実施されます。 （「一番重要な点は」という主語に対する述語がない） 今回の改正で<u>一番重要な点は</u>，理事の選出方法が<u>変わったことです</u>。この改正は，次年度から実施されます。
必要な主語がない	研修担当者からさまざまなことを聴きましたが，そのひとつに自分の仕事だけにとらわれず，広い視野を持つことを<u>強調していました</u>。 （「強調していました」が，この文の述語だが，これに対する主語がない。「そのひとつに」を主語として書いたつもりだろうが，主語にはなっていない） 研修担当者からさまざまなことを聴きましたが，強調していたことのひとつは，自分の仕事だけにとらわれず，広い視野を持つことでした。
主語と述語が照応していない	5歳のときのAさんの<u>夢は</u>，サッカー選手になりたいと<u>思っていました</u>。 （「夢は」と「思っていました」とが正しく照応していない） 5歳のときのAさんの夢は，サッカー選手になる<u>ことでした</u>。 5歳のときの<u>Aさんは</u>，サッカー選手になりたいと<u>思っていました</u>。

　次に主語と述語がわかりにくい文とは，どのような文かをみていきましょう（図表1－2）。

図表1-2　主語と述語がわかりにくい文

主語と述語が離れすぎている	部長は，X社へ提出するためにAさんが作成した製品説明書の訂正箇所にチェックを入れました。 （主語が文頭，述語が文末である。主語の位置を「チェック」の直前に移したほうがわかりやすい） X社へ提出するためにAさんが作成した製品説明書の訂正箇所に，部長はチェックを入れました。
文の途中で主語が変わっている	新入社員研修を受講し，私が気づいた点は，一人では何もできず，同僚や上司とともに頑張りたいと思います。 （「何もできず」の主語は「私が気づいた点は」であるが，「思います」の主語は省略されているが「私は」である） 新入社員研修を受講し，私が気づいた点は，一人では何もできないということです。（私は）同僚や上司とともに頑張りたいと思います。 新入社員研修を受講し，一人では何もできないということに私は気づいたので，同僚や上司とともに頑張りたいと思います。

(2) 修飾語

後に続く語に何らかの限定を加える部分が修飾語であり，修飾語によって何らかの意味的な限定を加えられる部分が被修飾語です。修飾語と被修飾語が照応していないと，変な文になってしまいます。

すでに書いた修飾語を忘れ，それを受け止める被修飾語がない文，用言にかかる連用修飾語と体言にかかる連体修飾語との区別ができていない文，紛らわしい修飾関係のため，二通りの意味にとれる文などがあります。これらの文について，以下でみていきます（**図表1-3**）。

図表1-3　修飾語と被修飾語が照応していない文

被修飾語がない	Aさんの計画では，5年後世界一周旅行に出かける。 （「計画では」を受けとめる結びがない） Aさんの計画では，5年後世界一周旅行に出かけることになっている。
修飾関係が照応していない	この広場は，ボールで遊びを禁止している。 （「ボールで」は，連用修飾語である。したがって被修飾語は用言となる） この広場は，ボールで遊ぶことを禁止している。 Aさんは，都会での生活することを満喫している。 （「都会での」は，連体修飾である。したがって被修飾語は体言となる） Aさんは，都会での生活を満喫している。

二通りの意味にとれる紛らわしい修飾関係である	Aさんは楽しそうに公園で遊んでいる子どもたちを見ていた。 (「楽しそうに」しているのは，Aさんとも，子どもたちとも，二通りにとれる) 「楽しそうにしている」のがAさんなら， Aさんは楽しそうに，公園で遊んでいる子どもたちを見ていた。 「楽しそうにしている」のが子どもたちなら， Aさんは，楽しそうに公園で遊んでいる子どもたちを見ていた。 楽しそうに公園で遊んでいる子どもたちを，Aさんは見ていた。 明日の午後3時までに，資料を完成させて社長室へ届けてください。 (「午後3時」までに資料を完成させるのか，社長室へ届けるのか，二通りにとれる) 「午後3時」までに資料を完成させるのなら， 明日の午後3時までに資料を完成させて，社長室へ届けてください。 「午後3時」までに社長室へ届けるのなら， 資料を完成させて，明日の午後3時までに社長室へ届けてください。
修飾語と被修飾語とが離れすぎている	本年度の○○会総会において，指導力と実行力とを兼ね備えたA氏が，幹事会で代表幹事に推挙された旨を報告いたします。 (「○○会総会において」と「報告いたします」とが離れすぎている。) 指導力と実行力とを兼ね備えたA氏が，幹事会で代表幹事に推挙された旨を本年度の○○会総会において報告いたします。
長すぎる修飾語がある	「企業の私物化」を防ぐというコーポレート・ガバナンス本来の目的を見失い，形式だけのコーポレート・ガバナンスを実践したA社は，粉飾決算事件を起こした。 (「A社は」主語であるが，そこにいたるまでの60字弱はすべて主語に係る修飾語の形になっている。頭でっかちの文構造である) 「企業の私物化」を防ぐというコーポレート・ガバナンス本来の目的を見失い，形式だけのコーポレート・ガバナンスを実践したから，A社は粉飾決算事件を起こした。 A社は粉飾決算事件を起こした。「企業の私物化」を防ぐというコーポレート・ガバナンス本来の目的を見失い，形式だけのコーポレート・ガバナンスを実践したからである。
修飾語の並べ方に問題がある	A社は大企業であるにもかかわらず，各現場と本部とが柔軟に個々の課題に関して取り組めるのは，信頼によるマネジメントが実践されているからである。 (短い修飾語が長い修飾語の前にある) A社は大企業であるにもかかわらず，各現場と本部とが個々の課題に関して柔軟に取り組めるのは，信頼によるマネジメントが実践されているからである。
陳述の副詞の照応に問題がある	決して相手側の操作ミスが原因であるクレーム電話であっても，応答の第一声では，ミスの指摘を思い止まるべきである。 (「決して」の呼応「～ない」が必要である) 相手側の操作ミスが原因であるクレーム電話であっても，応答の第一声では，決してミスを指摘してはならない。

(3) 助詞

いろいろな語について，語と語，語と述語，文と文との関係を表しているのが助詞です。日本語の表現上，大切な役割を担っている助詞を，おろそかにすることはできません。

ここでは，ビジネス文書において注意しておきたい助詞の使い方をみておくにとどめます（**図表1-4**）。

図表1-4 注意しておきたい助詞の使い方

助詞を省略しても意味が変わらない	月曜日に，A子さんは絵画を購入した。 月曜日，A子さんは絵画を購入した。
助詞を省略すると意味が変わる	先月末まで2,000円だった商品が，今月から2,700円に値上げされた。 先月末まで2,000円だった商品が，今月から2,700円値上げされた。
助詞が異なると意味が変わる	○月○日をもって，A株式会社はB株式会社と合併した。 ○月○日をもって，A株式会社はB株式会社を合併した。

(4) 並　列

並列関係には2つの型があります。体言型の並列と用言型の並列です。並列関係にある語句は，体言型であればすべてを体言型，用言型であればすべてを用言型とします（**コラム1-1**）。

また，並列関係にある語句は，ひとまとまりとなって文の構成要素となります。具体的な説明は，以下の文例で示します（**図表1-5**）。

図表1－5 並列関係にある語句

体言型の並立	生まれてくるわが子のために，Aさんは<u>ベビィベッド</u>と<u>ベビィダンス</u>|を|購入した。 （「ベビィベッドとベビィダンス」がひとまとまりとなって，下に続く語に統括され文の構成要素になっている） Aさんは，リビングダイニング用の<u>テーブル</u>，<u>イス6脚</u>，<u>ワゴン</u>|を|特注した。 （「テーブル，イス6脚，ワゴン」がひとまとまりとなって，下に続く語に統括され文の構成要素になっている）
用言型の並列	<u>掃除をしたり</u>，<u>洗濯をしたり</u>，<u>買い物に行ったり</u>|する|ので，Aさんの土日は多忙である。 （「掃除をしたり，洗濯をしたり，買い物行ったり」がひとまとまりとなって，下に続く語に統括され文の構成要素になっている） Aさんは<u>英語もできれば</u>，<u>ドイツ語もできる</u>|ので|，日本企業のドイツ支店でドイツ人支店長の秘書をしている。 （「英語もできれば，ドイツ語もできる」がひとまとまりとなって，下に続く語に統括され文の構成要素になっている）

コラム 1－1

形の整っていない並列

　形の整っていない並列についてみておきます。

　第1は，体言型の語句と用言型の語句との並列です。内容は並列になっていても，形式が並列になっていないのであれば，正しい並列とは言えません。読んだ人に違和感を与える以下のような文を見かけたことがあるのではないでしょうか。

　この駐車場内では，ボール投げや遊ばないでください。

　（一方は「ボール投げ」という体言型の語句であり，もう一方は「遊ばないで」という用言型の語句である）

　この駐車場内では，ボール投げや遊びをしないでください。

　この駐車場内では，ボールを投げたり遊んだりしないでください。

　第2は，助詞の「たり」の一方がない並列です。『広辞苑〈第7版〉』に，「動詞の連用形に付いて「…たり…たり」の形で，動作の並行・継起することを表す」（新村（2018）p.1836）とあります。一方の「たり」がない文は，某作家の著書でも見受けられます。その著書から，以下の文を挙げておきます。

　風景を動的に描写したいが，都合よく変化が<u>起きなかったり</u>，物語の設定上，動きのない風景を描写しなければ<u>いけない</u>場合もあるでしょう。そのときは風

景ではなく，視点を動かせばいい。つまり対象に近づいたり，別の角度から観察することで動きをつけるのです。
（一方の「たり」がない）
　風景を動的に描写したいが，都合よく変化が起きなかったり，物語の設定上，動きのない風景を描写しなければいけなかったりする場合もあるでしょう。そのときは風景ではなく，視点を動かせばいい。つまり対象に近づいたり，別の角度から観察したりすることで動きをつけるのです。

4．敬　語

　「敬語」は，ビジネス文書をデザインする上でも大切です。2007年2月，文化庁文化審議会国語分科会が「敬語の指針」を発表しました。そこで述べられている「敬語についての基本的認識」（**図表1－6**）および「敬語の形について留意すべき主な点」をみておきます（原文どおりではない）。

図表1－6　敬語についての基本的認識

敬語の重要性	相手や周囲の人と自分との間の関係を表現するもの。社会生活の中で，人と人がコミュニケーションを円滑に行い，確かな人間関係を築いていくために不可欠な働きを持つ
	相手や周囲の人，その場の状況についての，言葉を用いる人の気持ち（「敬い」「へりくだり」「改まった気持ち」など）を表現する言語表現として，重要な役割を果たす
敬語の基盤	人と人との「相互尊重」の気持ち
敬語の使い方	敬語は，自らの気持ちに即して主体的に言葉遣いを選ぶ「自己表現」として使用するもの
	「自己表現」として敬語を使用する場合でも，敬語の明らかな誤用や過不足は避けることを心掛ける

　「謙譲語を尊敬語のつもりで使っている」，「二重敬語を使っている」，このような誤用を見たり，聞いたりすることがあります。そこで，敬語の5分類（**コラム1－2**）（「尊敬語」，「謙譲語Ⅰ」，「謙譲語Ⅱ」（丁重語），「丁寧語」，「美化語」）に従い，敬語の形について留意すべき主な点を確認しておきます（原文どおりではない）。

> **コラム**
> **1-2**
>
> **敬語の5分類**
>
> 　敬語は3分類（「尊敬語」、「謙譲語」、「丁寧語」）でしたが、2007年2月文化庁文化審議会国語分科会の答申において、5分類に改められました。従来の3分類に基づいて、現在の敬語の使い方をより深く理解するために、3分類のうち、「謙譲語」を「謙譲語Ⅰ」と「謙譲語Ⅱ」（丁重語）に、「丁寧語」を「丁寧語」と「美化語」に分けたものです。
>
> | 5分類 | | 3分類 |
> |---|---|---|
> | 尊敬語 | 「いらっしゃる・おっしゃる」型 | 尊敬語 |
> | | 相手側または第三者の行為・ものごと・状態などについて、その人物を立てて述べるもの | |
> | 謙譲語Ⅰ | 「伺う・申し上げる」型 | 謙譲語 |
> | | 自分側から相手側または第三者に向かう行為・ものごとなどについて、その向かう先の人物を立てて述べるもの | |
> | 謙譲語Ⅱ（丁重語） | 「参る・申す」型 | |
> | | 自分側の行為・ものごとなどを、<u>話や文章の相手に対して丁重に述べるもの</u> | |
> | 丁寧語 | 「です・ます」型 | 丁寧語 |
> | | 話や文章の相手に対して丁寧に述べるもの | |
> | 美化語 | 「お酒・お料理」型 | |
> | | ものごとを、美化して述べるもの | |

(1) 尊敬語

　「動詞」（**図表1-7**）、「名詞」、「形容詞」など、「「名詞+だ」に相当する」尊敬語があります。

① 動詞の尊敬語

　動詞の尊敬語の形と、可能の意味を添える場合とに分かれています（図表1-7）。

図表1-7 動詞の尊敬語

動詞の尊敬語の形	
特定形	・いらっしゃる（←行く・来る・いる） ・おっしゃる（←言う） ・なさる（←する） ・召し上がる（←食べる・飲む） ・下さる（←くれる） ・見える（←来る）
一般系	・お（ご）……になる（作る上での留意点） 　「お」「御」の使い分け 　　一般に，動詞が和語の場合は「読む→お読みになる」「出掛ける→お出掛けになる」のように「お……になる」となり，漢語サ変動詞の場合は「利用する→御利用になる」「出席する→御出席になる」のように「ご……になる」となる 　変則的な「お（ご）……になる」 　　御覧になる（←見る） 　　おいでになる（←行く・来る・いる） 　　お休みになる（←寝る） 　　お召しになる（←着る） 　「お（ご）……になる」が作れない場合 　　×お死にになる（→お亡くなりになる，亡くなられる） 　　×御失敗になる（→失敗なさる，失敗される） 　　×御運転になる（→運転なさる，運転される） ・……（ら）れる（例：読む→読まれる，利用する→利用される，始める→始められる，来る→来られる） ・……なさる（例：利用する→利用なさる） 　（注）「……なさる」の形は，サ変動詞（「……する」の形をした動詞）についてのみ，その「する」を「なさる」に代えて作ることができる ・ご……なさる（例：利用する→御利用なさる） 　（注）「ご……なさる」の形は，サ変動詞（「……する」の形をした動詞）についてのみ，「する」を「なさる」に代えるとともに「ご」を付けて作ることができる。ただし，「ご」がなじまない語については，作ることができない。「お（ご）……になる」（作る上での留意点）に準じる留意が必要である ・お（ご）……だ（例：読む→お読みだ，利用する→御利用だ） 　（注1）「だ」を丁寧語「です」に変えた「お（ご）……です」の形で用いることが多い 　（注2）「お（ご）……だ」「お（ご）……です」を作る上では，「お（ご）……になる」（作る上での留意点）に準じる留意が必要である 　（注3）「御存じだ」（御存じです）は，「知っている」の尊敬語である ・お（ご）……くださる（例：読む→お読みくださる，指導する→御指導くださる） 　（注）「お（ご）……くださる」を作る上では，「お（ご）……になる」（作る上での留意点）に準じる留意が必要である

	(注)「お(ご)……する」は後述のように謙譲語Ⅰの形であり,これを尊敬語として使うのは適切ではない。(例えば,「相手が持っていくか」ということを尋ねる場合,「お持ちしますか」と言うのは不適切で,「お持ちになりますか」と言うのが適切である
	(注)「ご……される」(「御説明される」「御利用される」など)は,本来,尊敬語の適切な形ではないとされている

可能の意味を添える場合
動詞に可能の意味を添えて,かつ尊敬語にするには,まず尊敬語の形にした上で可能の形にする
例:召し上がれる,お読みになれる,御利用になれる(まず,「召し上がる」「お読みになる」「御利用になる」の形にした上で,可能の形にする)
(注)「お(ご)……できる」は,後述のように謙譲語Ⅰ「お(ご)……する」の可能形であり,これを尊敬語の可能形として使うのは適切ではない(例えば「全問正しくお答えできたら,賞品を進呈します」は不適切で,「お答えになれたら」とするのが適切である)

② 名詞の尊敬語

　一般には,「お名前」「御住所」のように,「お」または「御」を付けます。ただし,「お」「御」のなじまない語もあるので,注意を要します((6)の①参照)。

　このほか,「御地(おんち)」「貴信」「玉稿(ぎょっこう)」のように,「御」「貴」「玉」を付けたり,「御高配」「御尊父(様)」「御令室(様)」のように,「御」とともに「高」「尊」「令」などを加えたりして,尊敬語として使うものがあります。ただし,これらのほとんどは書き言葉専用です。

③ 形容詞などの尊敬語

　形容詞や形容動詞の場合は,語によっては「お忙しい」「御立派」のように,「お」「御」を付けて尊敬語にすることができます。

　また,「お」「御」のなじまない語でも,「(指が)細くていらっしゃる」「積極的でいらっしゃる」のように,「……くていらっしゃる」「……でいらっしゃる」の形で尊敬語にすることができます。「お」「御」を付けられる語の場合は,「お忙しくていらっしゃる」「御立派でいらっしゃる」のように「お」「御」を付けた上で,「……くていらっしゃる」「……でいらっしゃる」の形と併用することもできます。

④ 「名詞＋だ」に相当する尊敬語

「名詞＋だ」に相当する内容を尊敬語で述べる場合は，「先生は努力家でいらっしゃる」のように「名詞＋でいらっしゃる」とします。

(2) 謙譲語Ⅰ

動詞の謙譲語Ⅰ，名詞の謙譲語Ⅰがあります。

① 動詞の謙譲語Ⅰ

動詞の謙譲語Ⅰの形と，可能の意味を添える場合とに分かれています（**図表1－8**）。

② 名詞の謙譲語Ⅰ

一般には，「（先生への）お手紙」「（先生への）御説明」のように，「お」または「御」を付けます。ただし，「お」「御」のなじまない語もあるので，注意を要します（(6)の①参照）。

このほか，「拝顔」「拝眉」のように，「拝」の付いた謙譲語Ⅰもあります。

(注)「拝見」「拝借」などは，「拝見する」「拝借する」のように動詞として使う方が一般的です。

(3) 謙譲語Ⅱ（丁重語）

動詞の謙譲語Ⅱ，名詞の謙譲語Ⅱがあります。

① 動詞の謙譲語Ⅱ

特定形の主な例として，参る（←行く・来る），申す（←言う），いたす（←する），おる（←いる），存じる（←知る・思う）などがあります。

(注)「知る」の意味の「存じる」には，「存じています（おります）」の形で，「知っている」の謙譲語Ⅱとして使います。ただし，否定の場合は，「存じていません（おりません）」とともに，「存じません」も使われます。

(注) 可能の意味を添える場合には，例えば「参れる」のように，まず，「参る」の形にした上で，可能の形にします（例えば，「申し訳ありません。明日は参れません。」など）。

一般形は，……いたす（例，利用する→利用いたす）があるだけです。

図表1-8 動詞の謙譲語Ⅰ

動詞の謙譲語Ⅰの形	
特定形	・伺う（←訪ねる・尋ねる・聞く） ・申し上げる（←言う） ・存じ上げる（←知る） 　（注）「存じ上げる」は，「存じ上げている（います，おります）」の形で，「知っている」の謙譲語Ⅰとして使う。ただし，否定の場合は，「存じ上げていない（いません，おりません）」とともに，「存じ上げない」「存じ上げません」も使われる ・差し上げる（←上げる） ・頂く（←もらう） ・お目に掛かる（←会う） ・お目に掛ける，御覧に入れる（←見せる） ・拝見する（←見る） ・拝借する（←借りる）
一般形	・お（ご）……する，お（ご）……申し上げる（作る上での留意点） 「お（ご）……する」「お（ご）……申し上げる」を作れるための基本的条件 これらの語は〈向かう先〉を立てる謙譲語Ⅰなので，〈向かう先〉の人物がある動詞に限って，これらの形を作ることができる。例えば「届ける」や「案内する」は〈向かう先〉の人物があるので，「お届けする（お届け申し上げる）」「御案内する（御案内申し上げる）」という形を作ることができるが，例えば「食べる」や「乗車する」は〈向かう先〉の人物が想定できないので，「お食べする（お食べ申し上げる）」「御乗車する（御乗車申し上げる）」という形を作ることはできない。 なお，〈向かう先〉の人物があっても，例えば「お憧れする（お憧れ申し上げる）」「御賛成する（御賛成申し上げる）」とは言わない，というように，慣習上「お（ご）……する」「お（ご）……申し上げる」の形を作れない場合もある 「お」「御」の使い分け 一般に，動詞が和語の場合は「届ける→お届けする」「誘う→お誘いする」のように「お……する」となり，漢語サ変動詞の場合は，「案内する→御案内する（御案内申し上げる）」「説明する→御説明する（御説明申し上げる）」のように「ご……する」となる ・……ていただく（例：読む→読んでいただく，指導する→指導していただく） ・お（ご）……いただく（例：読む→お読みいただく，指導する→御指導いただく） 　（注）「お（ご）……いただく」を作る上では，「お（ご）……になる」（作る上での留意点）に準じる留意が必要である
可能の意味を添える場合	
	動詞に可能の意味を添えて，かつ謙譲語Ⅰにするには，まず謙譲語Ⅰの形にした上で可能の形にする 例：伺える・お届けできる・御報告できる（まず，「伺う」「お届けする」「御報告する」の形にした上で，可能の形にする。後二者の場合，「する」を「できる」に変えることで，可能の形になる）

(注)「……いたす」は「……する」の形をした動詞（サ変動詞）のみに適用可能です。

なお，「謙譲語Ⅰ」兼「謙譲語Ⅱ」の一般的な語形として「お（ご）……いたす」があります。

② 名詞の謙譲語Ⅱ

「愚見」「小社」「拙著」「弊社」のように，「愚」「小」「拙」「弊」を付けて，謙譲語Ⅱとして使うものがあります。ほぼ，書き言葉専用です。

(4) 丁寧語

「です」「ます」を付ける上で留意を要する点は特にありません（「高いです」のように形容詞に「です」を付けることについては抵抗を感じる人もいるでしょうが，既にかなりの人が許容するようになってきています。特に「高いですね」「高いですよ」「高いですか」などという形で使うことに抵抗を感じる人はほとんどいないでしょう）。

「ございます」を形容詞に付ける場合の形の作り方は，以下のとおりです（「……eい」という形の形容詞はない）。

- 「……aい」の場合　例：「たかい」→「たこうございます」
- 「……iい」の場合　例：「おいしい」→「おいしゅうございます」
- 「……uい」の場合　例：「かるい」→「かるうございます」
- 「……oい」の場合　例：「おもい」→「おもうございます」

(5) 美化語

美化語のほとんどは名詞あるいは「名詞＋する」型の動詞であり，一般に「お酒」「お料理（する）」のように，「お」を付けます。ただし，「お」のなじまない語もあるので，注意を要します。なお，一部には「御祝儀」のように，「御」による美化語もあります。

(6) 2つ以上の種類の敬語にわたる問題

「お」と「御」，「二重敬語」とその適否，「敬語連結」とその適否があります。

① 「お」と「御」

「お」あるいは「御」を付けて敬語にする場合の「お」と「御」の使い分けは，「お＋和語」「御＋漢語」が原則です（**図表１－９**）。

図表１－９ 「お＋和語」「御＋漢語」の例

お＋和語	・「お名前」「お忙しい」（尊敬語） ・「お手紙」（立てるべき人からの手紙の場合は「尊敬語」，立てるべき人への手紙の場合は「謙譲語Ⅰ」） ・「お酒」（美化語）
御＋漢語	・「御住所」「御立派」（尊敬語） ・「御説明」（立てるべき人からの説明の場合は「尊敬語」，立てるべき人への説明の場合は「謙譲語Ⅰ」） ・「御祝儀」（美化語）

（注）美化語の場合は，「お料理」「お化粧」など，漢語の前でも「お」が好まれる。また，美化語の場合以外にも，「お加減」「お元気」（いずれも尊敬語で，「お＋漢語」の例）など，変則的な場合もあるので，注意を要する。

なお，以上は名詞・形容詞などの例を挙げたが，動詞の尊敬語の形「お（ご）……になる」「お（ご）……なさる」「お（ご）……くださる」，謙譲語Ⅰの形「お（ご）……する」「お（ご）……申し上げる」，「謙譲語Ⅰ」兼「謙譲語Ⅱ」の形「お（ご）……いたす」などを作る場合についても，「お」，「御」の使い分けは，「お＋和語」，「御＋漢語」が原則です。また，いずれの場合についても，語によっては「お」，「御」のなじまないものもあるので，注意を要します。

② 「二重敬語」とその適否

１つの語について，同じ種類の敬語を二重に使ったものを「二重敬語」といいます。例えば，「お読みになられる」は，「読む」を「お読みになる」と尊敬語にした上で，さらに尊敬語の「……れる」を加えたもので，二重敬語です。

「二重敬語」は，一般に適切ではないとされています。ただし，語によっては，習慣として定着しているものもあります（**図表１－10**）。

図表１－10 習慣として定着している二重敬語の例

尊　敬　語：お召し上がりになる，お見えになる 謙譲語Ⅰ：お伺いする，お伺いいたす，お伺い申し上げる

③ 「敬語連結」とその適否

2つ（以上）の語をそれぞれ敬語にして，接続助詞「て」でつなげたものは，「二重敬語」ではありません。このようなものを，「敬語の指針」では，「敬語連結」と呼ぶことにしています。

例えば，「お読みになっていらっしゃる」は，「読んでいる」の「読む」を「お読みになる」に，「いる」を「いらっしゃる」にしてつなげたものです。つまり，「読む」「いる」という2つの語をそれぞれ別々に敬語（この場合は尊敬語）にしてつなげたものなので，「二重敬語」には当たらず，「敬語連結」に当たります。

「敬語連結」は，多少の冗長感が生じる場合もあるが，個々の敬語の使い方が適切であり，かつ敬語同士の結び付きに意味的な不合理がない限りは，基本的に許容されるものであります（**図表1-11**）。

図表1-11　許容される敬語連結の例

> お読みになっていらっしゃる
> 　（上述，「読んでいる」の「読む」，「いる」をそれぞれ別々に尊敬語にしたもの）
>
> お読みになってくださる
> 　（「読んでくれる」の「読む」「くれる」をそれぞれ別々に尊敬語にしたもの）
>
> お読みになっていただく
> 　（「読んでもらう」の「読む」を尊敬語に，「もらう」を謙譲語Ⅰにしたもの。尊敬語と謙譲語Ⅰの連結であるが，立てる対象が一致しているので，意味的に不合理はなく，許容される）
>
> 御案内してさしあげる
> 　（「案内してあげる」の「案内する」「あげる」をそれぞれ別々に謙譲語Ⅰにしたもの）

図表1-12　不適切な敬語連結の例

伺ってくださる，伺っていただく
　（例えば「先生は私の家に伺ってくださった」「先生に私の家に伺っていただいた」は，「先生が私の家を訪ねる」ことを謙譲語Ⅰ「伺う」で述べているため，「私」を立てることになる点が不適切である。結果として「伺ってくださる」あるいは「伺っていただく」全体も不適切である。「隣の窓口で伺ってください」のような「伺ってください」も，同様に，「隣の窓口」を立てることになるため，不適切である）
　〔注〕ただし，これらは，次のような限られた場合には，問題のない使い方となる。
　　　例1　「田中さんが先生のところに伺ってくださいました」，「田中さんに先生のところに伺っていただきました」
　　　例2　「鈴木さん，すみませんが，先生のところに伺ってくださいませんか」

「例1」，「例2」では，「伺う」が〈向かう先〉の「先生」を立て，「くださる」あるいは「いただく」が「田中さん」や「鈴木さん」を立てている。また，「先生」に比べれば，「田中さん」や「鈴木さん」は，この文脈では「立てなくても失礼に当たらない人物」ととらえられている（例えば，例1，例2の文を述べている人と「田中さん」や「鈴木さん」が，共に「先生」の指導を受けた間柄であるなど），というような場合である。
このように，その行為の〈向かう先〉が「立てるべき人物」であって，かつ行為者が〈向かう先〉に比べれば「立てなくても失礼に当たらない人物」であるという条件を満たす場合に限っては，「伺ってくださる」「伺っていただく」などの形を使うことができる。

御案内してくださる，御案内していただく
例えば「先生は私を御案内してくださった」「私は先生に御案内していただいた」は，「先生が私を案内する」ことを謙譲語Ⅰ「御案内する」で述べているため，「私」を立てることになる点が不適切である。結果として「御案内してくださる」あるいは「御案内していただく」全体も不適切である。
「して」を削除して「御案内くださる」「御案内いただく」とすれば，「お（ご）……くださる」「お（ご）……いただく」という適切な敬語のパターンを満たすので，適切な敬語となる（「……ください」の場合についても同様である）。
　〔注〕ただし，この場合についても，例えば，次のような限られた場合には，問題のない使い方となる。前出の「伺ってくださる・伺っていただく」の場合と同様である。
　　　例1　「田中さんが先生を御案内してくださいました」，「田中さんに先生を御案内していただきました」
　　　例2　「鈴木さん，すみませんが，先生を御案内してくださいませんか」

　最後に，敬語との関連で注意すべき助詞の問題を取り上げておきます。例えば，「自分が先生の指導を受けた」という内容を「くださる」あるいは「いただく」を使って述べる場合は，次のいずれかの形を使います。
- 先生が（は）私を指導してくださった／御指導くださった
- 私が（は）先生に指導していただいた／御指導いただいた

「私」を表現しない場合は，次のようになります。

- 先生が（は）指導してくださった／御指導くださった
- 先生に指導していただいた／御指導いただいた

　それぞれ，敬語でない形の「くれる」「もらう」に戻して考えれば，助詞が以上のようになるべきことは容易に理解できます。
　これらの内容を述べるのに，次のように述べるのは不適切です。
- 先生が（は）指導していただいた／御指導いただいた

　確かに「先生が指導する」という内容であるため，上記のような述べ方をしたくなる心理が働くところではあるが，上の文全体の動詞「いただく」は「もらう，受ける」意味であるから，指導を受ける側「私」を主語として述べ，「先生」の後には「に」を付けなければならないことになります。「私」が表現されない場合でも，この事情は変わりません。「先生が（は）指導していただいた／御指導いただいた」と述べれば，「先生」が別の人物（例えば「先生の恩師」）の指導を受けたことになってしまいます。

5．表　記

　国語の表記に関しては，政府の諸施策がなされています。2010年6月7日，「改定常用漢字表」が，文化審議会から答申されました（文化庁（2011）p.208）。これにより，同年11月30日，内閣告示第2号で「常用漢字表」が定められました（文化庁（2011）p.3）。
　「外来語の表記」は，1991年2月7日に国語審議会から答申され（文化庁（2011）p.208），同年6月28日内閣告示第2号（文化庁（2011）p.166）で定められました。
　1986年3月6日には，国語審議会から「改定現代仮名遣い」が答申され（文化庁（2011）p.208），同年7月1日内閣告示第1号で「現代仮名遣い」が定められました（文化庁（2011）p.194）。2010年11月30日内閣告示第4号によって，「現代仮名遣い」は一部改正されました（前述した2010年11月30日の「常用漢字表」の制定による）（文化庁（2011）p.194）。
　「改定送り仮名の付け方」は，1972年6月28日に国語審議会から答申され（文化庁（2011）p.208），1973年6月18日内閣告示第2号で「送り仮名の付け

方」が定められました（文化庁（2011）p.195）。2010年11月30日内閣告示第3号によって，「送り仮名の付け方」は一部改正されました（前述した2010年11月30日の「常用漢字表」の制定による）（文化庁（2011）p.197）。

　これらの国語施策の改善は，従来の施策における画一的，制限的な色彩を改め，法令，公用文書，新聞，雑誌，放送など，一般の社会生活における漢字使用，外来語の表記，現代仮名遣い，送り仮名の付け方について，よりどころまたは目安を示すことにあります（文化庁（2011）p.208）。

　ビジネス文書では，「公用文における漢字使用等について」（2010年11月30日内閣訓令第1号），「公用文作成の要領」（1952年4月4日内閣閣甲第16号，1986年「現代仮名遣い」と2010年「常用漢字表」とによる読み替えや省略措置）なども参照されています。

(1) 用　字

　漢字，かな，数字などです。漢字は，「常用漢字表の本表および付表」，「公用文における漢字使用等について」，「公用文作成の要領」の「用字について」，『公文書の書式と文例　4訂』の「主な用語用字について」（文部省編（1995）pp.4-6）が目安になります。

　かなは，ひらがなを用います。かたかなは，特殊な場合に用います。外国の地名，人名および外来語は，かたかな書きにします。「外来語の表記」が参考になります。仮名遣いは，「現代仮名遣い」がよりどころになります。送り仮名は，「送り仮名の付け方」によります。

　ビジネス文書で使用する用字に関しては，前述の目安を踏まえて，「文書管理規程」で定めています。その上で，具体的表記を「文書管理マニュアル」で示しています。したがって，企業が独自に定めている表記もあります。例えば，「公用文における漢字使用等について」では，原則として，漢字で書く接続詞4語（及び，並びに，又は，若しくは）は，「ひらがな」で書くことを定めている企業もあります。

　「公用文における漢字使用等について」，「公用文作成の要領」，「主な用語用字について」，「現代仮名遣い」，「送り仮名の付け方」，「外来語の表記」については，巻末資料1～3節および5～7節をご参照ください。

(2) 用　語

　発信者の伝えたいことが，受信者に正確に伝わることによって，ビジネス文書は，その役割の一端を果します。受信者が，文書の内容を正しく受けとめ，仕事を遂行していくことができるように，わかりやすい適切な用語を，その約束を守って使用します。

　「公用文作成の要領」の「用語について」，『公文書の書式と文例　4訂』の「主な用語用字について」（文部省編（1995）pp.4-6）が，目安になります。

　ビジネス文書で使用する用語に関しては，前述の目安を踏まえて，「文書管理規程」で定めています。その上で，具体的表記を「文書管理マニュアル」で示しています。この点は，前項で述べたとおりです。

　「公用文作成の要領」，「主な用語用字について」については，巻末資料2～3節をご参照ください。

(3) 文章記号（くぎり符号，くりかえし符号）

　日本語の表記には，漢字，ひらがな，かたかな，数字，ローマ字といった文字が用いられています。しかし，文の構造，語句の関係を明確にするためには，文字だけでは不十分です。文章記号（くぎり符号，くりかえし符号）が必要です。

　くぎり符号には，「マル（句点）。」，「テン（読点）、」，「ナカテン・」，「カギ「　」」，「フタエガッコ『　』」，「カッコ（　）」等があります。準則や用例については，巻末資料の4節をご参照ください。

第2章
ビジネス文書デザインの主役ツールはパソコン
（文書デザインのステップとそのポイント）

　ビジネス文書をデザインする主役ツールはパソコンになり，手書き（肉筆）文書を目にすることは非常に少なくなりました。手書きが望ましいと言われる文書，例えば礼状，挨拶状，祝賀状なども，多くは行書体フォントなどを使用したパソコン文書にその座を奪われているのではないでしょうか。

　そこで，パソコン上で文書をデザインしていくステップとそのポイントを，下記の例でみていきます（杉田（1994）pp.75-80のアップグレード版）。

例

　ABC物産株式会社（営業部長：大北佑二）は，大日産業株式会社（営業部長：工藤優香）に，次のような依頼をしなければならない。
　10月30日に注文した「UX3」30ケース（注文書№181027）の納品日を12月20日（木）から12月10日（月）に繰り上げてもらいたい。無理なお願いであることは承知しているので，30ケース全てとは言わない。18ケースだけは何とかしてもらいたい。
　理由は，そちらもご存知の当社の大口取引先である株式会社ユーキから急な注文が入ったため。この無理な注文を聴かざるを得ない立場の当社は，貴社にすがるしかない。
　無理なお願いをする18ケース分の代金は，納品日翌日に振り込む。とにかく12月10日に納品していただけるよう伏してお願いする。
　文書番号：営181012
　発信年月日：11月20日

1．デザインする文書のポイントを入力

　文書をデザインするポイントを入力するにあたって，把握しておくことがあります。それは，文書をデザインする目的とそのための情報です。

　文書をデザインする目的は，「注文品の納品日を繰り上げてもらう依頼をする」ことです。文書をデザインするための情報は，以下のとおりです。

情報1　10月30日に注文した「UX3」30ケース（注文書No.181027）の納品日繰り上げ
12月20日（木）から12月10日（月）
　無理なお願いであることは承知している。30ケース全てとは言わない。18ケースだけは何とかしてもらいたい

情報2　納品日繰り上げ理由
　そちらもご存知の当社の大口取引先である株式会社ユーキから急な注文が入ったため

情報3　株式会社ユーキからの無理な注文を聴かざるを得ない立場の当社
　貴社にすがるしかない

情報4　無理なお願いをする18ケース分の代金
　納品日翌日に振り込む

情報5　12月10日の納品
　伏してお願いする

　デザインするための情報は，下線部分であることがわかります。

　文書をデザインするための目的と情報とは，文書をデザインする時点で把握していますから，デザインする文書のポイントは入力できます。

　では，デザインする文書のポイントを入力していきましょう。この時点では，「丁寧語」で受信者に伝えるべき内容を，正確にモレがないように入力します。

　10月30日に注文しました「UX3」30ケース（注文書No.181027）の納品日を12月20日（木）から12月10日（月）に繰り上げていただけませんか。無理なお願いであることは承知していますので，30ケース全てとは申しませんが，18ケースだけは，何とか10日納品でお願いいたします。

　貴社もご存知の当社の大口取引先である株式会社ユーキから急な注文が入りました。この無理な注文を聴かざるを得ない立場の当社は，貴社にすがるしかございません。

　無理なお願いをします18ケース分の代金は，納品日翌日に振り込みいたします。何とぞ，12月10日に18ケース納品してくださいますよう伏してお願い申し上げます。

入力後，文書デザインに必要な情報（情報1〜情報5）が，正確にモレなく入力されているか否かの確認をします。

2．文書の中心部分をデザイン

「1．」で入力した「デザインする文書のポイント」から，文書の中心部分をデザインしていきます。

ここでは，パソコンの機能を活かします。ビジネス文書にふさわしい表現にしたり，語句や文の順を入れ替えたりといったデザインを自由自在にしていきます。

「別記」にする内容の有無，「追記（追って書き）」にする内容の有無，などを検討しながらデザインしていきます。表現の統一もします。文書の中心部分のデザインがほぼ完了します。

　突然のお願いで恐縮でございますが，10月30日に注文いたしました「UX3」30ケース（注文書№181027）の納品日を，12月20日（木）から12月10日（月）に繰り上げていただけませんでしょうか。

　ご無理なお願いであることは重々承知しておりますので，30ケース全てと申し上げるつもりは毛頭ございません。18ケースを10日にお納めいただけますよう曲げてお願い申し上げる次第でございます。

　貴社もご存知の当社の大口取引先である株式会社ユーキから急な注文がございました。はなはだ無理な注文ではありますが，それを受けざるを得ないのが当社の実情でございます。そのために，貴社にご無理申し上げますのは心苦しい限りでございますが，当社といたしましては，貴社のお力におすがりするしかなすすべがございません。貴社にはご迷惑この上無い急なご依頼をいたしまして，誠に申し訳ございませんが，お引き受けくださいますよう伏してお願い申し上げます。

　なお，12月10日に納品をお願いしております18ケースの代金につきましては，翌11日に貴社ご指定の口座にお振り込みいたします。

発信者からの「依頼ごと」ですので，受信者が「わかりました。お引き受けします」と決断する説得力と丁寧さとのある文書にします。

3．頭語，前文，末文，結語などをデザイン

　デザインする文書の目的に適した頭語，前文，末文，結語などをデザインします。
　さらに，同封物，文書番号，発信年月日，受信者名，発信者名，完結の表示などもデザインします。文書に関するデザインはほぼ完了です。

```
                                           営181012
                                        ◎◎◎◎年11月20日
大日産業株式会社
　　営業部長　工藤　優香　様

                              ABC物産株式会社
                                 営業部長　大北　佑二

　拝啓　貴社ますますご隆盛のこととお喜び申し上げます。平素は格別のご高配を賜り厚くお礼申し上げます。
　突然のお願いで恐縮でございますが，10月30日に注文いたしました「UX3」30ケース（注文書№181027）の納品日を，12月20日（木）から12月10日（月）に繰り上げていただけませんでしょうか。
　ご無理なお願いであることは，重々承知しておりますので，30ケース全てと申し上げるつもりは毛頭ございません。18ケースを10日にお納めいただけますよう曲げてお願い申し上げる次第でございます。貴社もご存知の当社の大口取引先である株式会社ユーキから急な注文がございました。はなはだ無理な注文ではありますが，それを受けざるを得ないのが当社の実情でございます。そのために，貴社にご無理申し上げますのは心苦しい限りでございますが，当社といたしましては，貴社のお力におすがりするしかなすすべがございません。貴社にはご迷惑この上無い急なご依頼をいたしまして，誠に申し訳ございませんが，お引き受けくださいますよう伏してお願い申し上げます。
　なお，12月10日に18ケース納品していただきました場合には，この分の代金は，その翌日に貴社ご指定の口座にお振り込みいたします。
　事情ご賢察の上，ご高配のほど，何とぞよろしくお願い申し上げます。
                                                    敬具
```

4．文書全体のデザイン

　ビジネス文書には，書式があります。それに基づいて文書全体をデザインします。用紙の余白，一行の文字数，行数，別記の位置，文字サイズ，アンダーラインなど，訴求効果のあるわかりやすい文書にします。

> 　　　　　　　　　　　　　　　　　　　　　　　　　　　営181012
> 　　　　　　　　　　　　　　　　　　　　　　　　◎◎◎◎年11月20日
>
> 大日産業株式会社
> 　　営業部長　工藤　優香　様
>
> 　　　　　　　　　　　　　　　　　　　　　　ABC物産株式会社
> 　　　　　　　　　　　　　　　　　　　　　　　営業部長　大北　佑二
>
> 　拝啓　貴社ますますご隆盛のこととお喜び申し上げます。平素は格別のご高配を賜り厚くお礼申し上げます。
> 　突然のお願いで恐縮でございますが，10月30日に注文いたしました「UX3」30ケース（注文書№181027）の納品日を，12月20日（木）から12月10日（月）に繰り上げていただけませんでしょうか。
> 　ご無理なお願いであることは，重々承知しておりますので，<u>30ケース</u>全てと申し上げるつもりは毛頭ございません。18ケースを10日にお納めいただけますよう曲げてお願い申し上げる次第でございます。
> 　<u>貴社</u>もご存知の当社の大口取引先である株式会社ユーキから急な注文がございました。はなはだ無理な注文ではありますが，それを<u>受け</u>ざるを得ないのが当社の実情でございます。そのために，貴社にご無理申し上げますのは心苦しい限りでございますが，当社といたしましては，貴社のお力におすがりするしかなすべがございません。
> 　<u>貴社</u>にはご迷惑この上無い急なご依頼をいたしまして，誠に申し訳ございませんが，お引き受けくださいますよう伏してお願い申し上げます。
> 　なお，12月10日に18ケース納品していただきました場合には，<u>この</u>分の代金は，その翌日に貴社ご指定の口座にお振り込みいたします。
> 　事情ご賢察の上，ご高配のほど，何とぞよろしくお願い申し上げま<u>す</u>。
>
> 　　　　　　　　　　　　　　　　　　　　　　　　　　　　　敬具

第2章　ビジネス文書デザインの主役ツールはパソコン

上記の文書で，下線と番号がついている箇所が訂正されました。
1．「30ケー」を次行に送った
2．「貴」を字下げした
3．「受」を次行に送った
4．「貴」を字下げした
5．「こ」を次行に送った
6．「ま」を次行に送った

5．デザイン後の最終文書をチェック

デザイン後の最終文書は，必ずチェックします。

正確でわかりやすい表現であるか否かを中心に，書式などもチェックしていきます。

内容は文書デザインの目的にそっているか，文書の構成は適切か，段落は適切か，各文の長さは適切か，記述の誤りはないか，表記・表現の統一は取れているか，表記の誤りはないか，不適切な表現やあいまいな表現はないか，追加事項はないかなどといった点をチェックし，訂正の必要があれば訂正します。

営181012
◎◎◎◎年11月20日

大日産業株式会社
　　営業部長　工藤　優香　様

　　　　　　　　　　　　　　　　ABC物産株式会社
　　　　　　　　　　　　　　　　　　営業部長　大北 佑二

早期納品のお願い

　拝啓　貴社ますますご隆盛のこととお喜び申し上げます。平素は格別のご高配を賜り厚くお礼申し上げます。
　突然のお願いで恐縮でございますが，10月30日に注文いたしました「UX3」30ケース（注文書№181027）の納品日を，12月20日（木）から12月10日（月）に繰り上げていただけませんでしょうか。
　ご無理なお願いであることは，重々承知しておりますので，30ケース全てと申し上げるつもりは毛頭ございません。18ケースを10日にお納めいただけますよう曲げてお願い申し上げる次第でございます。
　貴社もご存知の当社の大口取引先である株式会社ユーキから急な注文がございました。はなはだ無理な注文ではありますが，それを受けざるを得ないのが当社の実情でございます。そのために，貴社にご無理申し上げますのは心苦しい限りでございますが，当社といたしましては，貴社のお力におすがりするしかなすべがございません。
　貴社にはご迷惑この上無い急なご依頼をいたしまして，誠に申し訳ございませんが，お引き受けくださいますよう伏してお願い申し上げます。
　なお，12月10日に18ケース納品していただきました場合には，この分の代金は，その翌日に貴社ご指定の口座にお振り込みいたします。
　事情ご賢察の上，ご高配のほど，何とぞよろしくお願い申し上げます。

　　　　　　　　　　　　　　　　　　　　　　　　　　　敬具

上記の文書で，件名が追加されました。

補論 パソコン文書か，手書き文書か

　本章の冒頭で述べました「手書きが望ましいと言われる文書も，多くは行書体などを使用したパソコン文書にその座を奪われているのではないでしょうか」という点について，補論でみておきます。

　手書きの礼状を手にしたとき，書体をとおして，発信者との「ふれあい」を感じ，思わず発信者に思いを馳せることもあります。このように言いますと，「効率とスピードが重視されるビジネスにおいては，手書き文書は不要」といった声がすかさず返ってくることがあります。「パソコン文書が主役の時代だからこそ，手書き文書で発信者の琴線に触れたい」といった声が返ってくることもあります。

　「手書き文書で発信者の琴線に触れたい」という受信者に，手書き文書をお送りしたことが，その後のビジネスにプラスになることもあります。受信者のモノの見方，考え方を受け止めて行動することは，ビジネスを展開していく上で大事なことです。

　そこで，手書き文書は不要と決めつけるのではなく，パソコン文書に手書きで一文書き添えてみませんか。そのようなビジネス文書を手にしたことがあるのではないでしょうか。パソコン文書に書き添えられた発信者の一文は，受信者の心に残るはずです。

(1) 印刷文書やパソコン文書に添えられた手書き文書

　商品やサービスを購入した顧客に送るためにデザインされた印刷文書やパソコン文書は，必要に応じて，その顧客の担当者が使用します。封書もあれば，はがきもあります。

① 3行の効果

　はがきの表面（宛名）に3行の手書きスペースを設けて，担当者が購入者にお礼のメッセージを書けるようになっています。宛名も手書きしやすい工夫がされています。裏面（文書）は，上部二分の一にイラストが，下部二分の一に文書が印刷されています。

　裏面の文書は読まない人でも，3行の文書は読むのではないでしょうか。と

いうより，1行に18文字前後，3行で50文字ほどですので，目に飛び込んできますと言ったほうが正しいでしょうか。3行から購入時の担当者の応対が目に浮かんできますので，とても効果的です。

　宛名がラベルではなく，手書きというのも効果的です。

裏面

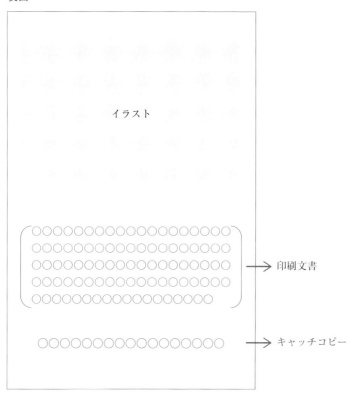

表面

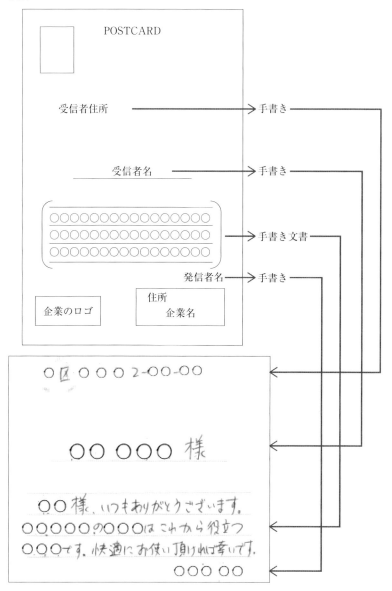

② 一筆箋の効果

　封書（印刷文書）に添えられた一筆箋を使用した手書文書，発信者の思いやりが伝わってきます。一般的には，縦書きのものが多いようですが，横書きのものもあります。文書が縦書きであれば一筆箋も縦書きに，文書が横書きであれば一筆箋も横書きにしましょう。

　なお，下記の例には，気になる点があります。第1は「この頃ですネ」です。発信者が親しみを込めて書いた結果であることはわかりますが，ビジネスの文書には「ネ」は不要です。第2は「お使いくださいませ」です。「〜ませ」は，過去に婦人語として使われていました（**コラム2-1**参照）ので，慣用化している表現以外は使わないほうがいいでしょう。「お使いください」または，「お使いくださいますようお願いいたします」とします。　ただし，「〜ませ」を使うことを奨励している業種もあるようですので，自社の方針などを踏まえた上で，使うか否かは判断しましょう。

一筆箋の手書き文書

```
○○様
日ごとに秋の深まりを
感じるこの頃ですネ
先日は，○○○のご購入
誠にありがとうございます．
○○○○に関してはカタログ
を入れますので参考に
しながらお使いくださいませ．
お届け日 ○月○日
　（午前中）
　　　　　　　○○
```

第2章　ビジネス文書デザインの主役ツールはパソコン

> **コラム**
> **2−1**
>
> **「—ませ」**
> 　尊敬，丁寧の助動詞「ます」の命令形で，「まし」と同じ。「いらっしゃいませ」「ご免くださいませ」など。また「ませな」「ませね」のように，接尾辞をつけることもある。
> **(用法)**「ませ」は婦人語として使われていたが，近年は商業敬語にも多く取り入れられている。ことに女性相手の商店では，「ませ」を使うことが多い。「ませ」は東京・山の手語で，「まし」は下町語だったが，いまはその区別はほとんどない（奥山編［1976］p.50）
>
> 　《丁寧の助動詞「ます」の命令形》《「くださる」「なさる」「召す」「いらっしゃる」「おっしゃる」など尊敬を表す動詞の連用形に付いて》依頼・命令を丁寧に表す。「ぜひ一度ご賞味くださいませ」「もうしばらくお待ちくださいませ」「お気をつけなさいませ」**(表現)**やわらかな表現として使われる。「お帰りなさいませ」「行ってらっしゃいませ」など挨拶表現として慣用化しているものも多い（北原編［2002］p.1552）

③　印刷文書やパソコン文書の余白に書き添えられた手書き文書の効果

　パソコン文書の余白に手書き文書が書き添えられていることがあります。封書であったり，はがきであったりします。

　書き添えられている手書き文書は，大半が一文ですが，二文〜三文の場合もあります。書き添える文書量は余白部分を考慮し，見にくく（読みにくく）ならないようにしましょう。書き添えられている文は，発信者と受信者との関係において，発信者が受信者に伝えたい思いであることがよくわかります。

余白に書き添えられた手書き文書

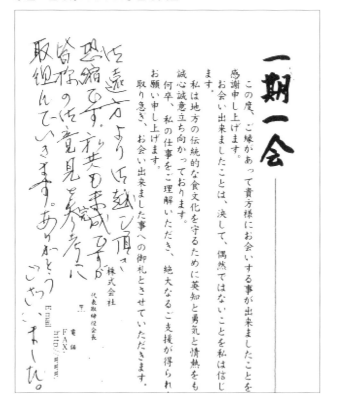

(2) 手書き文書

　封書も，はがきもあります。多くは縦書きですが，横書きもあります。お礼状，挨拶状，祝賀状などは手書き文書が望ましいと言われますが，お礼状が多いのではないでしょうか。

　お礼状は，手書きに限ると言い切る人もいます。受信者に合わせて，手書き文書にするのか，パソコン文書に手書き文書を書き添えるのか，選択してみてはいかがでしょうか。

　何に対するお礼（例：季節の贈答，お見舞い等）であるのかと受信者とによって，パソコン文書（含：手書き文書を書き添える）か，手書き文書かを，

筆者は選択しています。その後，用紙（便箋）と，縦書きか横書きかを決めます。

絵はがきの表面（宛名面）下段の手書き文書

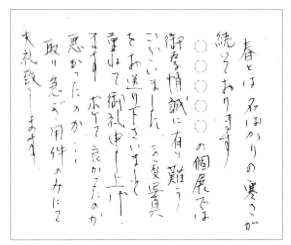

第3章

ビジネス電子メールのデザイン

　仕事で使っている主なコミュニケーション手段の第1位は，「メール」という調査結果（日本ビジネスメール協会（2018）p.1）があります。この調査によれば，仕事で1日に送信するメールの平均は11.59通（受信するメールの平均は34.30通）です。また，1通のメールをデザインするのにかかる平均時間は5分が最も多く，全体の平均時間は6分です。

　1日の仕事において，メールのデザインに58分弱から70分弱費やしていることになります。そこに，仕事のメールを確認し，読む（見る）時間がプラスされますから，1日の仕事時間の20％前後がメールによるコミュニケーションと言えるでしょう。

　電話のように受け手の時間を奪うことなく，受信者が不在でも連絡が可能，複数の受信者に同時に送信できる，資料などのファイルを添付できる等の特徴を活かせるコミュニケーション手段がメールです。

　メールの文書のデザインも，紙ベースの文書のデザインと基本的には同じですが，紙ベースの文書ほど形式にこだわらなくてもよいので，電話に近づきます。そのためか，紙ベースの文書をデザインするより，メールは手軽にデザインできます。ただし，友人同士のような表現や話しことばは禁物です。ビジネスで送受信するメールはすべて「ビジネス文書」なのです。

1．ビジネスでメールを活用するための心得

　ビジネスでメールを活用するために，心得ておきたいことがあります。それをみておきましょう。

⑴　会社のメール，チェックされても大丈夫？

　従業員に貸与している物品などの所有権は，会社が有しています。会社が貸与しているパソコンなどを使用して，会社のシステムによりメールの送受信は行われています。従業員がビジネスで送受信するメールをチェックできる根拠は，会社の所有権にあると考えられます。

　会社に雇用されている従業員は，「職務専念義務」（約束した労働時間内は会社の業務に専念する義務）があります。この義務を遵守しているか否かを会社は調査できます。メールチェックもその一環です。

　したがって，社会通念上相当な範囲を逸脱した監視とはいえない場合，会社による従業員の私用メールの監視行為は，裁判でも適法性が認められています。その例として，F社Z事業部（電子メール）事件（産労総合研究所編（2002b）pp.76-90，砂押（2002）pp.29-32），日経クイック情報（電子メール）事件（産労総合研究所編（2002a）pp.50-65，砂押（2002）pp.32-34）があります。

　会社のメールはチェックされているという前提で，「プライベートなメールの送受信は禁止」と心得ておきましょう。

⑵　ビジネスのメールであるとの自覚

　メールの文中に絵文字やフェースマークを使用していませんか。署名の上下を区切る罫線に絵文字やフェースマークを使用していませんか。文中には絵文字やフェースマークを使用していない人でも，署名の上下を区切る罫線に絵文字やフェースマークを使用している人がいます。

　メールはビジネスにおけるコミュニケーション手段です。文中に絵文字やフェースマークを使用すると，会社の品位を問われることにもなりかねません。「？」や「！」もビジネスのメールには不適切という人もいます。署名の上下

を区切る罫線もシンプルなデザインにしましょう。

　受信者へ自分を印象付けるために，署名の上下を区切る罫線を絵文字で飾る人もいますが，自分を印象付けたいのであれば，ビジネスを通して印象付けましょう。

　かわいい花の罫線で署名の上下を区切ったビジネスのメールを受信したことがあります。企業からの仕事をフリーランスで請け負っている人の署名欄としては，気になりました（筆者だけかとも思っていましたが，気になったと言う人が他にもいました）。

　ビジネスの相手は千差万別です。署名の上下の罫線とはいえ，相手を不快にさせることがあります。個性を発揮した罫線よりも，誰からも受け入れてもらえる目立ち過ぎない罫線をデザインしましょう。

図表３−１　署名の上下を区切る罫線の例

誰からも受け入れてもらえると思われる罫線の例	印象が強いなどと思われる可能性がある罫線の例
……………………………………… ――――――――――――――― ＝＝＝＝＝＝＝＝＝＝＝＝＝＝＝ ～～～～～～～～～～～～～～～ ＊＊＊＊＊＊＊＊＊＊＊＊＊＊＊	★☆★☆★☆★☆★☆★☆★☆★☆ ●・●・●・●・●・●・●・●・●・ ♪♪♪♪♪♪♪♪♪♪♪♪♪♪♪ ◆◇◆◇◆◇◆◇◆◇◆◇◆◇◆ ❀❀❀❀❀❀❀❀❀❀❀❀❀❀❀

(3)　メールの仕分け（分類）

　仕事でメールを活用するためには，多数のメールで埋もれないようにすることです。メールを仕分け（分類）して管理をしましょう。メールの仕分け機能は，メールソフト（メーラー：以下メーラー）によって異なります。例えば，Outlookでは仕分けルールを決めておきますし，BIGLOBE（Web）メールではフィルタルールを設定しておきます（設定方法は割愛）。

　メーラーの仕分け機能で，フォルダーを作成しておけば，受信メールは自動的に仕分けすることも，手動で仕分けすることもできますので，メールを整理・保管できます。仕分けされなかったメールは，不要であれば削除します。受信トレイを振り分けたツリー構造の例を示しておきます（ツリー構造につい

図表３－２ 受信トレイの仕訳例

```
▲aa4706ss@……co.jp
▲受信トレイ
   ▷Ａ社
   ▷Ｂ社
    ：
    ：
   ▲Ｏ社
      至急対応要返
      通常対応要返
      対応不要保管
      対応済
   ▲社内
      至急対応要返
      通常対応要返
      対応不要保管
      対応済
   ▲メルマガ
      Ｘ
      Ｙ
      Ｚ
   ▲その他
```

注１：▲下階層に分岐フォルダー無
注２：▷ 下階層に分岐フォルダー有（分岐フォルダーは，▷をクリックすれば見える）

ては，**コラム序－３**参照）。

　図表３－２の「受信トレイの仕分け例」について，説明しておきます。受信トレイ内の第１階層のフォルダー（Ａ社～Ｏ社，社内，メルマガ）に，受信メールは自動的に仕分け（分類）されるように設定します。第２階層は受信者が判断し，手動で仕分け（分類）し，至急対応のメールから処理していきます。対応後のメールは対応済フォルダーに移動させます。

　対応済みフォルダーと対応不要フォルダーのメールは保管の必要がなくなった時点で削除します。

　メルマガ（ビジネスに役立つ情報のもの）は，第２階層まで自動的に仕分け（分類）されるように設定します。既読後のメールの対応フォルダーが必要であれば，下階層にフォルダーを作成します。

　その他フォルダーには，仕分けされなかったが，必要であると判断したメールを入れます。

２．デザインのポイント

　メールを活用していく上でのデザインのポイントをみていきます。

(1) メールの書式

　紙ベースの文書とは異なるメールの書式があります。メーラーによって，多少異なりますが，基本はほぼ同じです。メールの書式例（**図表３－３**）をみていきます（メーラーは，「Outlook」）。

図表3－3 メールの書式例

```
┌─────────────────────────────────────────────────┐
│ 会議の日時と場所のご連絡  ⑤ - メッセージ (HTML 形式)    ? ― □ ×│
│ ファイル メッセージ 挿入 オプション 書式設定 校閲                │
│ [テーマ] [配色▼][フォント▼][ページの色] [BCC] ④ [アクセス許可] │
│         [効果▼]                [投票ボタンの使用▼][配信確認の要求]│
│                                  [開封確認の要求]              │
│                          表示フィールドの選択 アクセス許可 確認   │
│                                     その他のオプション          │
│  ┌──┐ 差出人(M)▼  トキワ物産 功刀 雅一<kunugi@tokiwa.co.jp> ①│
│  │送信│ 宛先(T)...  本多 一樹 様<honda@touyo.co.jp>   ②      │
│  │(S) │ C C(C)...                                  ③      │
│  └──┘ B C C(B)...                                  ④      │
│        件名(U)    会議の日時と場所のご連絡            ⑤      │
│ ┌────────────────────────────────┐│
│ │東洋商事株式会社                          ⑥         ││
│ │営業部 本多 一樹 様                                ││
│ │                                                ││
│ │いつもお世話になっております。                         ││
│ │トキワ物産の功刀です。                              ││
│ │                                                ││
│ │先ほど，お電話でご連絡いただきました日程をもとに，下記のとおり││
│ │会議の日時と場所とを決定いたしました。                 ⑦ ││
│ │・日時  ○○月○○日（○）14:00～15:30               ││
│ │・場所  当社5階 第3ミーティングルーム                   ││
│ │                                                ││
│ │当日は，1階の受付電話で○○番にご連絡ください。          ││
│ │よろしくお願い申し上げます。                          ││
│ │                                                ││
│ │◇────────────────────              ││
│ │トキワ物産株式会社                                ││
│ │販売部販売2課  功刀 雅一                          ││
│ │〒105-0014  港区芝一丁目○-○        ⑧             ││
│ │TEL   03-○○○○-○○○○                        ││
│ │FAX   03-○○○○-○○○○                        ││
│ │E-mail  kunugi@tokiwa.co.jp                      ││
│ │────────────────────◇              ││
│ └────────────────────────────────┘│
└─────────────────────────────────────────────────┘
```

① 差出人

　送信者の情報が入ります。会社名と個人名が入っていると，受信者は，受信トレイのメッセージプレビューで差出人の確認ができます。メールアドレスだけで差出人名がわかりにくいと，受信者に開いてもらえない可能性もあります。

② 宛　先

　受信者の情報を入力します。受信者のメールの宛先には，受信者が表示されます。受信メールの内容を処理する人を入れます。宛先の受信者は1人とは限りません。複数名の場合もあります。

> **コラム 3-1**
>
> **件名こぼれ話**
> **〔回答のお知らせ〕**
> 　「回答のお知らせ」という件名のメールを受信したことがあります。この件名を見た瞬間，首をかしげました（照会事項に対しての返事が「回答」で，必要事項を知らせるのが「お知らせ」ですから）。
> 　カード登録ができない理由を，某企業へホームページから問い合わせをしたときの回答メールです。件名は「ご回答」ではないでしょうか。しかし，「ご回答」では具体的な件名とは言えません。「カード登録ができない理由（ご回答）」といった件名が考えられます。
>
> **〔どうですか〕**
> 　紙ベースの文書では考えられない件名のメールを受信することがあります。「どうですか」という件名を見て，削除しようと思いました。削除前に差出人が目に入りました。よく知っている人からでしたが，その時点では開封しませんでした。内容がわかる具体的な件名であれば，その時点で開封しますので，返信を要するか否か，返信は急を要するのか否かの判断がつきます。
>
> **〔1つの用件が終了するまで同一の件名〕**
> 　1つの用件が終了するまでは，件名を変えないでおきましょう。件名が統一されていれば，用件ごとにスレッド（thread：一連のメッセージ群）にまとめることができます。したがって，仕事の流れを管理できます。

　宛先に表示されるのがメールアドレスではなく，受信者名の場合には，受信者の氏名に敬称をつけるようにしましょう。

③ **CC**

　Carbon Copyの略語です。宛先に送るメールをそれ以外の人に送る場合，CCに入れます。「宛先に送信したメールを確認のためご覧ください」という意味があります。電子メールの受信者は，同じ内容の電子メールがCCに指定されたメールアドレスに送信されていることがわかります（総務省（2013-2018））。

　宛先同様，CCに表示されるのがメールアドレスではなく，受信者名の場合

には，受信者の氏名に敬称をつけるようにしましょう。

④ BCC

　Blind Carbon Copyの略語です。CCと違い，電子メールのほかの受信者には，同じ内容の電子メールがBCCに指定したユーザにも送信されているということは通知されません。そのため，他の受信者には，そのユーザに電子メールを送っているということを隠しておきたい場合に利用できます（総務省（2013-2018））。したがって，メールの内容を上司に報告する必要がある場合や複数の取引先に同一情報を送信したい場合にはBCCを使います。

　図表3-3「メールの書式例」では，BCCが表示されていますが，通常BCCは表示されておりません。使用するときに，オプションにあるBCCをクリックすると，CCの下部にBCCが表示され，入力が可能になります。

⑤ 件　名

　メールの内容がわかる件名をつけます。短く（目安は15文字程度），具体的な件名を書きます。緊急メールや重要メールは，件名に「緊急」や「重要」を

図表3-4　受信者の書き方例

社外用	
〈会社名，部署名，氏名〉 東洋商事株式会社 営業部　本多　一樹　様	〈会社名，部署名，役職名，氏名〉 東洋商事株式会社 営業部 部長　川端　未希　様
〈会社名，部署名〉 東洋商事株式会社 営業部　御中	
社内用	
〈同一部課〉 今川さん（様）	〈同一部課〉 山本部長（注1）
〈他部課〉 総務部　栗田さん（様）	〈他部課〉 総務部　工藤部長（注2）

注1，注2：山本部長，工藤部長は，「苗字＋役職」である。「苗字＋役職」は，敬称も含んでいる。

入れておくと受信者の目に留まりやすくなりますが，乱用は禁物です。

⑥ **受信者**

受信者の会社名，部署名，役職名，氏名を入れます。受信者の書き方例を示しておきます（**図表3-4**）。

⑦ **前文，本文，末文**

社外メールでも，紙ベースの文書のような前文（Ex.「拝啓　貴社ますますご隆盛のこととお喜び申し上げます。平素は格別のご高配を賜り厚くお礼申し上げます」）は不要です。「いつもお世話になっております。トキワ物産の功刀です」といった前文が一般的に使われています（2節(2)「図表3-6」参照）。したがって，末文も「よろしくお願いいたします」などとなります（2節(2)「図表3-7」参照）。

本文（用件）も簡潔にデザインします。画面上で見て（読んで），理解してもらうので，紙ベースの文書以上の簡潔さと一文の短さとが要求されます（2節(3)「本文」参照）。

図表3-5 署名の例

```
社外用
◇------------------------------------
トキワ物産株式会社
販売部販売2課　功刀　雅一
〒105-0014　港区芝一丁目○-○○
TEL　　03-○○○○-○○○○
FAX　　03-○○○○-○○○○
E-mail　kunugi@tokiwa.co.jp
URL　　http://www.tokiwa.co.jp
------------------------------------◇

◇------------------------------------
トキワ物産株式会社
販売部販売2課
功刀　雅一　〈kunugi@tokiwa.co.jp〉
〒105-0014　港区芝一丁目○-○○
TEL　　03-○○○○-○○○○
FAX　　03-○○○○-○○○○
URL　　http://www.tokiwa.co.jp
------------------------------------◇

社内用
◇------------------------------------
販売部販売2課　功刀　雅一
TEL　　○○○○-○○○○
E-mail　kunugi@tokiwa.co.jp
------------------------------------◇

◇------------------------------------
販売部販売2課
功刀　雅一　〈kunugi@tokiwa.co.jp〉
TEL　　○○○○-○○○○
------------------------------------◇
```

⑧ 署　名

　差出人の会社名，所属，氏名，メールアドレスなどが入った署名をメールの最後に入れます。社内用と社外用との署名（**図表３－５**）をデザインしておくことをお勧めします。

　署名は一度デザインしておけば，ほとんどのメーラーは送信時に自動的に挿入されるように設定できます。複数の署名を設定している場合は，メールに入れたい署名を選びます。署名のデザイン方法や複数の署名からメールに入れたい署名を選ぶ方法はメーラーによって違いますので，割愛します。

(2) 前文と末文

① 前　文

　前文は最小限にとどめます。簡単な挨拶の後，名乗ります。一般的に使われている例を挙げておきます（**図表３－６**）。

図表３－６　前文の例

社内
おはようございます。人事部（課）の太田です。
こんにちは。人事部（課）の太田です。
こんばんは。人事部（課）の太田です。
お疲れさまです。人事部（課）の太田です。
お疲れさまでございます。人事部（課）の太田です。
お世話になっております。人事部（課）の太田です。

※社内の場合は，基本的に丁寧語でよいということが定着してきましたが，企業差があります。自社の実情に合わせて応用しましょう。

社外
（いつも）お世話になっております。トキワ物産の功刀です（でございます）。
（いつも）大変お世話になっております。トキワ物産の功刀です（でございます）。
いつも大変お世話になり，ありがとうございます。トキワ物産の功刀でございます。
本日（先日），○○○でお目にかかりましたトキワ物産の功刀でございます。
本日（先日）の○○○では，大変お世話になりました。トキワ物産の功刀でございます。
早速ご返信くださいましてありがとうございます。トキワ物産の功刀でございます。
ただ今お電話いたしましたが，ご不在でしたのでメールにてご連絡申し上げます。トキワ物産の功刀でございます。

※送信者側と受信者側との企業間の関係，送信者と受信者との職階の関係などを念頭において応用しましょう。

② 末　文

末文も前文同様最小限にとどめます。一般的に使われている例を挙げておきます（**図表３－７**）。

図表３－７　末文の例

社内
よろしくお願いいたします（申し上げます）。 まずはご報告いたします（申し上げます）。 以上，ご連絡いたします（申し上げます）。 ※社内の場合は，基本的に丁寧語でよいということが定着してきましたので，語尾は「～します」で統一している企業もあります。自社の実情に合わせて応用しましょう。

社外
よろしくお願いいたします（申し上げます）。 お手数ですが，よろしくお願い申し上げます。 まずはご報告申し上げます。 以上，ご連絡申し上げます。 ご通知申し上げます。 ○○月○○日（○）までにご返事（ご回答）くださいますようお願い申し上げます。 ご検討の上，○○月○○日（○）までにご返事（ご回答）くださいますようよろしくお願い申し上げます。 ※送信者側と受信者側との企業間の関係，送信者と受信者との職階の関係などを念頭において応用しましょう。

(3)　本　文

簡潔でわかりやすい文書を書くということでは，紙ベースの文書と同じです。しかし，「パソコンの画面上で見て（読んで），理解してもらえるメール」を紙ベースの文書以上にスピーディにデザインすることが求められています。

① 一メール一件主義

紙ベースの文書が一文書一件主義であるように，メールも一メール一件主義です。したがって，１つのメールには１つの内容を書きます。件名が「○○月度営業会議の通知」というメールには，会議の日時や場所など，その会議に関する事項が書かれています。

その後に「◎◎○○年度△期の販売計画書を○○月○○日（○）までに提出

願います」という内容が書かれていたらどうなるでしょうか。この用件に関して，全受信者がきちんと行動してくれるでしょうか。見落とす受信者がいる可能性もあります。

　件名と異なる内容が書かれているメールは送信しないことです。2つの用件がある場合はメールを分け，それぞれの用件の件名で送信するようにしましょう。上述のケースでメールを分ける場合を想定してみます。先に送信するメールに，「後ほど，別件の「○○○○年度△期販売計画書提出のお願い」に関するメールをお送りいたします。こちらのメールのご確認もよろしくお願い申し上げます」などと書き添えておくのもよいでしょう。

② **画面サイズの制約を配慮**

　メールは主にパソコンの画面上で見ます（読みます）。受信者がどのような環境でも読みやすい書き方をします。

　受信者が画面をスクロールしないで読むことができるのは20行と心得ておくとよいでしょう。1行は30～35字で改行しましょう。引用符が付いて（引用符が付かないメーラーもある），字数が増えても，すべての受信者が読めると考えられる40字を超えることはないでしょう。

　発信者が中央揃えをしても受信者は中央揃えにならない場合もあります。全行左詰めで書きましょう。

　5～6行で空行を入れて読みやすくします。10行以上も空行ナシで書かれていると読みづらくなりますし，引用もしづらくなります。5～6行を目安に論理構成を考えましょう。

③ **機種依存文字は使用しない**

　送信側と受信側のコンピュータ環境が異なる場合，機種依存文字（JISコードに割り付けられていない文字）を使用すると文字化けが起こります。

　機種依存文字ではありませんが，半角カタカナのインターネット，メールでの使用は，文字化けすることがあります。使用しないことをお勧めします。

　以下（**図表3－8**）に挙げたような機種依存文字は使わないようにしましょう。

図表3-8　主な機種依存文字

丸付き数字	①②③④⑤⑥⑦⑧⑨⑩⑪⑫⑬⑭⑮⑯⑰⑱⑲⑳㉑㉒㉓㉔㉕㉖㉗㉘㉙㉚㉛㉜㉝㉞㉟㊱㊲㊳㊴㊵㊶㊷㊸㊹㊺㊻㊼㊽㊾㊿
ローマ数字	Ⅰ Ⅱ Ⅲ Ⅳ Ⅴ Ⅵ Ⅶ Ⅷ Ⅸ Ⅹ Ⅺ Ⅻ　ⅰ ⅱ ⅲ ⅳ ⅴ ⅵ ⅶ ⅷ ⅸ ⅹ ⅺ ⅻ
省略文字	㍼　㍽　㍼　㍻　㈱　㈲　㈹　㈶　㈸　№　KK.　TEL　アパート　コーポ　ハイツ　マンション　ビル
丸付き文字	㊤　㊥　㊦　㊧　㊨　㊞　㊙　㊷　㊲　㊱
単位記号	mm　cm　km　mg　kg　cc　㎟　㎠　㎡　㎦　㎣　㎤　㎥　㎦　ミリ　センチ　メートル　キログラム　グラム　キロトン　トン　リットル　アール　ヘクタール　ワット　カロリー　セント　ドル　パーセント　バール　ページ

④　簡潔でわかりやすい文書で素早く対応

　簡潔でわかりやすい文書をデザインすることが重要なのは，紙ベースの文書をデザインするときと基本的には同じですが，紙ベースの文書より素早く対応するという心構えが大切です。一文が短い（目安は30字程度。長くても50字まで），簡潔でわかりやすい文書で，素早く返信します。

　返信までに時間を要する場合は，その旨のメール（Ex.メール拝見いたしました。○○○の件は，○○月○○日（○）に詳細が決定する予定です。それまでお待ちくださいますようお願い申し上げます）を送るようにしましょう。

　下記（**図表3-9**左側）のような長い一文（91文字）は，見てわかるとは言い難いメールです。一文内に重複や不要な語句もあるため，伝えたいことも今一つです。このような一文は，メールだけではなく，紙ベースの文書でも書かないようにしましょう。

　重複や不要な語句を削除して，一文が30文字程度に訂正（**図表3-9**右側）してみました。

図表3-9　簡潔でわかりやすい文章への訂正例

訂正前	訂正後
○○○の件，△△△委員会から届きましたメールのとおり，○○○について，××月××日に公表された○○○○○からの変更点の連絡が下記のとおり届きましたので，お知らせいたします。	△△△委員会から，○○○の変更点に関する連絡がありました。 変更点は，下記のとおりです。ご確認をお願いいたします。

(4) 添付ファイル

メールは資料などを添付することができます。添付ファイルを送るときは，その旨をメールに書き添えましょう（**図表3-10**）。添付ファイルには容量制限があります。プロバイダ，企業のメールサーバーによって，容量制限は異なります。

プロバイダの容量制限以下であっても，送信者側や受信者側のサーバーで設定されている容量を超えていれば，送信できません。企業のメールサーバーは，一通あたりのメール容量の上限を設定しており，10MB程度が多くなっているようです。ただし，古いシステムは容量がかなり少ないこともあるので，添付ファイルは2MBまでと言われています。

添付ファイルを送るときのファイルの種類ですが，次のようなファイル（**図表3-11**）であれば，ほとんどの環境で開くことができます。

図表3-10 添付ファイルを送るときのメール例

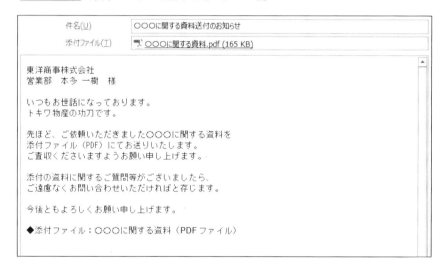

図表3-11 ほとんどの環境で開くことができるファイル

ファイル	拡張子
Word文書	.doc　.docx
Excelブックファイル	.xls　.xlsx
PDFファイル	.pdf
テキストファイル	.txt
圧縮ファイル	.zip
JPEGファイルの画像	.jpeg　.jpg

　メールの添付では送ることができない大容量のファイルを送るときは，ファイル転送サービスを利用しましょう。ファイル転送サービスとは，ネットワークを利用してコンピュータ間でファイルの転送を行うサービスです。無料のファイル転送サービスもあれば，有料のファイル転送サービスもあります。

　外部サービス使用禁止の企業もありますので，ファイル転送が可能か否かを確認しておく必要があります。転送サービスでファイルを送るときは，事前にメールでその旨を伝えておきましょう（**図表3-12**）。

図表3-12 転送サービスでファイルを送るときのメール例

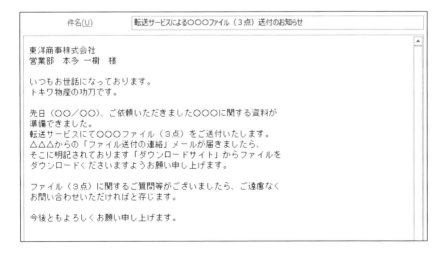

(5) 送信前のチェック

　送信をクリックした時点で，取り消すことはできないのがメールです。送信をクリックする前に必ず見直す（読み直す）ようにしましょう。送信前のチェック項目をメールの書式に沿って挙げておきます（**図表3-13**）。

図表3-13 送信前のチェック項目

チェック項目	チェック内容
宛先，CC，BCC	間違いないか。氏名の場合は敬称がついているか
件名	短くて，かつ具体的に内容を表しているか
受信者	企業名，部署名，氏名は正しいか
前文	挨拶は簡潔か。名乗りは適切か
本文	一メール一件主義になっているか。簡潔でわかりやすいか，間違いやモレはないか
末文	メールの内容と整合しているか
署名	入っているか。社内用と社外用とを使い分けている場合は間違えて入れていないか
添付ファイル	添付し忘れていないか。ファイル名や容量などは適切か
その他	誤字，脱字，変換ミスはないか 空白行が適切に入っているか

3．社内メール

　社内のコミュニケーションの大半は，メールという企業が多くなっています。しかし，目の前で仕事をしている同僚にまでメールを送信する（友人の企業で実際に起きたこと）というのはいかがなものかと思います。受信メールは見る（読む）が，返信は紙ベースの文書を手渡す人がいるという話を耳にしたこともあります。

　メールの添付ファイルで送っているにもかかわらず，それと同様のものを紙ベースでも配付している企業があります。ムダなことをしているとしか思えないのですが，あえてそのようにしている理由があるのかもしれません。

　コミュニケーションの道具として，メールは万能ではありません。相対か，

コラム 3-2

メールの形式

　メールには，主にテキスト形式とHTML形式とがあります。HTML形式は，メッセージをデザインするときに，フォントの種類，スタイル，サイズ，色などを変更することが可能です。メッセージに画像を入れることもできます。多くのメーラーが対応している形式ですが，対応していないメーラーもあります。

　画像情報などが含まれると容量が大きくなります。強調したい語句を太字にしたHTML形式のメッセージを送信しても，受信側がHTML形式に対応していないメーラーの場合は，受信側の画面では太字はわかりません。HTML形式のメリットを活かしたメールの送受信は，送信側も受信側もHTML形式のメーラーを利用している必要があります（テキスト形式でも，HTML形式のメッセージを受信した場合，HTML形式のメールを表示できるメーラーもあります。コラム3-3参照）。

　テキスト形式のメッセージは，文字情報しか送信できません。受信側のメーラーの環境に左右されないで，送信側と受信側で，ほとんど相違ない画面を見ることができます。

　なお，リッチテキスト形式も，HTML形式同様，フォントの種類，スタイル，サイズ，色などを変更することが可能です。メッセージに画像を入れることもできます。筆者の管見によれば，対応しているプログラムは，Microsoft OutlookとMicrosoft Exchangeのみですので，この形式の使用はお勧めいたしかねます。

　電話か，メールか，紙ベースの文書かは，状況に応じて臨機応変に選択しましょう。

　本節では，メールでの受発信が多いと思われる文例をみていきます。デザインのポイントは，紙ベースの文書とほぼ同じですので割愛します。文例は，件名，受信者，前文，本文，末文とします（差出人，宛先，CC，BCC，署名は割愛）。

(1) 通知の例

例1 販売戦略会議のお知らせ

```
件名(U)        販売戦略会議のお知らせ
添付ファイル(T)  販売戦略計画案.docx (75 KB)

営業部長　各位

お疲れさまでございます。
取締役営業部長アシスタントの久保田です。

取締役からのご指示で、販売戦略会議の開催を
お知らせします。
以下の内容をご確認の上、ご出席ください。

●日時　〇〇月〇〇日（〇）16:00～17:30
●場所　5階第一会議室
●議題　販売戦略計画案の検討

当日は、添付ファイルの販売戦略計画案を
プリントアウトの上、ご持参ください。

★添付ファイル　販売戦略計画案（DOCXファイル）
```

例2 健康診断（通知）

```
件名(U)        健康診断（通知）

従業員　各位

お疲れ様です。
総務部の生田です。

本年度の健康診断実施のお知らせです。
下記の内容をご確認の上、全従業員が受診するよう
お願いいたします。

●日時　〇〇月〇〇日（〇）09:30～18:00
●場所　本社別館〇階　〇〇〇診療所

仕事の都合で、当日受診できない場合は、前日までに
総務部長秘書の弓削までご連絡ください。
```

(2) 依頼の例　部内ミーティング日程変更のお願い

```
件名(U)    部内ミーティング日程変更のお願い

人事部員　各位

お疲れさまです。
石田です。

明日（○○／○○16:00～17:30）、開催を予定しておりました
部内ミーティングの日程を、以下のように変更いたします。

━━━━━━━━━━━━━━━━━━━━━━━
日時　○○月○○日（○）16:00～17:30
場所　第３会議室
━━━━━━━━━━━━━━━━━━━━━━━

●部長が急に出張することになりましたので、ご了承ください。

●各自スケジュール調整をお願いします。

この件に関するお問い合わせ等は、石田宛にお願いいたします。
```

(3) 案内の例　新入社員歓迎会のご案内

```
件名(U)    新入社員歓迎会のご案内

営業部員　各位

お疲れさまです。
井川です。

新入社員歓迎会のご案内です。

本年度当部には、５名（女性２名、男性３名）の新入社員が
配属されました。

そこで、１日も早く職場生活になじめるようにと歓迎会を
開くことにしました。
ぜひご出席ください。

●日時　○○月○○日（○）18:30～20:30
●場所　○○○○（○○駅直結○○ビル５階）
　　　　電話○○○○－○○○○
●会費　○，○○○円（当日集めます）
●幹事　太田　井川

出欠は○○月○○日（○）までに、このメールにご返信ください。
よろしくお願いいたします。
```

(4) 照会の例　EXシリーズの出荷と在庫との状況について（照会）

```
件名(U)        EXシリーズの出荷と在庫との状況について（照会）
添付ファイル(T)   EXシリーズの出荷&在庫状況調査票.xlsx (15 KB)

商品管理部
部長　川喜田　洋二　様

お世話になっております。
営業部の河田です。

当部と開発部とで、EXシリーズ（EX-R、EX-R2）の
リニューアル検討プロジェクトを立ち上げました。
それに伴い、EXシリーズの出荷と在庫との状況について、
改めて確認することになりました。

つきましては、下記についてご回答のほど、お願い申し上げます。

……………………………………………………………………………
●EX-RおよびEX-R2の本年度〇〇～〇〇月度の支店別出荷状況
●EX-RおよびEX-R2の本年度〇〇月度末時点での在庫状況
……………………………………………………………………………

添付ファイルの調査票（Excelブックファイル）に回答をご記入の上、
〇〇月〇〇日（〇）までに本メールにご返信くださいますよう
お願い申し上げます。
```

4．社外メール

　取引文書も社交文書も，メールという企業も見受けられるようになりました。しかし，紙ベースのほうがよい文書もあるのではないでしょうか。このような文書は紙ベースにすべきといった基準は特にありません。

　送信者がメールで送ることに抵抗がなくても，受信者は抵抗があるかもしれません。メールにするか紙ベースの文書にするかは，受信者の立場で判断するのがいいのではないでしょうか。

　十数年前になりますが，米国が本社の日本法人で働いている友人が，「弔慰状がメールで届いたの」と言っていました。「アメリカ人は弔慰状もメールで出すのが当たり前の時代になったのかしら」とも言っていました。

　筆者がイレギュラーな文書と呼んでいる取引文書があります。受信したくない文書，発信したくない文書のことです。受信したくない文書とは督促状と抗

議状(苦情状)です。発信したくない文書とは詫状です。督促状や抗議状を受信する前に、きちんと対応しておけば、詫状を発信する必要はないはずです。

　督促状や抗議状(苦情状)は受信したくない文書、詫状は発信したくない文書と前述しましたが、それは発信したくない文書、受信したくない文書でもあるはずです。だからこそ紙ベースの文書をお勧めします。なかでも詫状は、紙ベースの文書が望ましいでしょう。

　社交文書も紙ベースの文書がふさわしいと考えます。なかでも、形式を重んじてカード紙を用いる文書(挨拶状、招待状、礼状など)をメールで送信するのは考えものです。

　本節では、メールで受信しても、あまり抵抗がないと思われる通知状、依頼状(徐:支払い延期などの金銭がかかわる依頼、受信者側に手間や時間をとらせる内容の依頼など)、注文状、照会状の例を挙げておきます。

　デザインのポイントは、紙ベースの文書とほぼ同じですので、社内メール同様割愛します。文例は、件名、受信者、前文、本文、末文(差出人、宛先、CC、BCC、署名は割愛)である点も、社内メールと同様です。

(1) 通知の例　一次採用試験のお知らせ

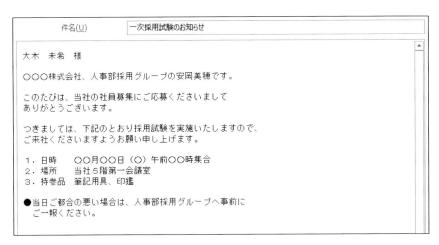

　上記の「一次採用試験のお知らせ」メールですが、新卒採用の場合は、携帯(スマホ)メールが多くなっています。

(2) 依頼の例　カタログ送付のお願い

```
件名(U)    カタログ送付のお願い

東邦産業株式会社
営業部長　工藤　幸二　様

日頃から大変お世話になっております。
サンコー商事の川瀬でございます。

先般、ご相談申し上げました「○○○シリーズ発売記念フェア」を
○○月○○日（○）から○○日（○）まで開催することになりました。

つきましては、○○○の総合カタログおよび機種別カタログ、各○○○部を
○○月○○日（○）までにご送付いただければと存じます。

お手数をおかけいたしますが、よろしくお願い申し上げます。
```

(3) 注文の例　「○○○（商品№○○－○)」の追加ご注文について

```
件名(U)    「○○○（商品№○○－○)」の追加ご注文について

東都商事株式会社
販売部長　大河原　美奈　様

いつも大変お世話になっております。
トキワ通商の大畑でございます。

先般納品していただきました「○○○（商品№○○－○)」は、
おかげさまで予想を上回る好調な売れ行きでございます。
在庫もわずかとなり、完売も間近と思われます。

つきましては、下記のとおり追加注文をお願いしたいと存じます。

1．仕入条件　前回と同条件
2．数量　　　○個入り○,○○○ケース
3．納期　　　○○月○○日（○）

ご手配のほど、よろしくお願い申し上げます。

上記条件に問題がございます場合は、至急ご一報いただければと
存じます。
```

(4) 照会の例　請求金額についてのご照会

| 件名(U) | 請求金額についてのご照会 |

大和産業株式会社
経理部経理課　御中

いつも大変お世話になっております。
三巴商事の廣川でございます。

本日〇〇月度分の請求書が届きました。
当社の台帳と照合しましたところ、〇〇月度分締切日（〇〇日）以降に
納品された「〇〇〇」（納品書番号〇〇〇〇〇）の代金〇〇〇,〇〇〇が
含まれておりました。

至急お調べの上、改めてご請求いただければと存じます。

なお、現請求書は、当社にて破棄してもよろしいでしょうか。

よろしくお願い申し上げます。

> **コラム**
> **3-3**

ビジネスのメールはテキスト形式に設定という通説

「ビジネスのメールはテキスト形式で設定しましょう」とか,「受信側のメーラーがHTML形式に対応しているか否かが不明な場合は,テキスト形式で送りましょう」というのが通説のようです。

以下の実験をしてみました。

1. 送信側：HTML形式（Outlook），受信側：テキスト形式（BIGLOBEのWebメール）でHTMLフォーマットのメールを許可にチェックナシ

文字情報のみの送信であれば,文面に差異は生じませんでした。差異が生じたのは,署名欄です（受信側の署名欄の行間が送信側より広くなっていた。署名欄のE-mailに差出人欄のメールアドレスが入り,そこに書かれていたメールアドレスは,その後に移動していた。なお,メールアドレスの色が送信側の黒から青に変わり,同色の下線が入っていた）。

2. 送信側：HTML形式（Outlook），受信側：テキスト形式（BIGLOBEのWebメール）でHTMLフォーマットのメールを許可にチェック

文字情報のみの送信であれば,文面は同じ画面です。相違が生じたのは,署名欄です（受信側の署名欄のE-mailメールアドレスに青の下線がはいっていた）

筆者による上記の実験では,送信側がHTML形式,受信側がテキスト形式の場合でも,文字情報のみの送信であれば,文面に差異は生じませんでした。また,「HTMLフォーマットのメールを許可」にチェックを入れておけばHTML形式のメールをテキスト形式で受信しても,ほぼ送信側と同じ画面でした。

「HTML形式」,「テキスト形式」,「HTML形式とテキスト形式」のいずれかを選択できるメーラーもあります。テキスト形式でも,HTML形式のメッセージを受信した場合,MTML表示のアイコンが出て,それを押せば別画面が開き,HTML形式のメールとして表示されるメーラーもあります。

ビジネスのメールをテキスト形式にしておくか否かは,企業が自他の環境等を鑑みて決定すればいいのではないでしょうか。

第4章 社内文書のデザイン

社内文書における紙ベースの文書は、メールにその座を奪われている感があります。しかし、社内文書を100％メールに置き換えることはできないでしょう。紙ベースの文書がデザインできれば、メールのデザインもできますが、逆はむずかしく感じるのではないでしょうか。紙ベースの文書より手軽にデザインできるのがメールだからです。

社内の人々の意思の疎通をはかり、業務を効率的かつ円滑に遂行していくためのコミュニケーション手段である社内文書についてみていきましょう。

1. デザインのポイント

同一企業内で交わす社内文書は、挨拶抜きで実質本位です。受信者が知りたい結論をデザインし、その後で理由や説明をデザインします。

(1) 一文書一件主義

1つの文書には1つの内容を書きます。件名が「新入社員採用試験面接官の依頼」という文書を受け取りました。この文書には、面接の日時や場所、添付資料（面接実施要領）のことなど、面接に関する事項が書かれています。ところが、その後には、「社内報○○月号の原稿執筆の依頼」に関することが書かれていました。

デザインした人からみれば、2つの用件の受信者が同一だったので、効率的

に文書を発信できたということになるでしょう。受信者からみれば，一方の依頼を忘れる可能性もあります（件名が1つであることなどから）。また，ファイルするには，1部コピーを取った後，各該当内容を囲み，下部を囲んだ用紙の件名は二重線で消し，書き改めます。受信者はムダな仕事が増え非効率です。

したがって，2つの文書（「新入社員採用試験面接官の依頼」，「社内報○○月号の原稿執筆の依頼」）にしましょう。一文書一件主義は，文書を見る（読む）立場，文書を処理する立場，文書を整理する立場，文書を再活用する立場，いずれの立場からみても効率的です。

(2) 情報を正確に表現

伝えなければならない情報を伝えるべき人に正確に伝えます。情報が不正確であったり，表現が曖昧であったり，事実と推測が混在していたりする文書をデザインしないように気をつけましょう。

そのような文書の受信者は正確な判断が下せなかったり，判断に狂いが生じてしまったりする可能性もあります。そうした状況が生じた場合は，業務に支障をきたすことにもなりかねません。

(3) 簡潔でわかりやすい機能的な文書

受信者の立場で，表記，表現などにも気を配り，訴求効果のある簡潔でわかりやすい文書をスピーディにデザインしましょう。

挨拶抜きですから，頭語も前文も不要です。したがって用件から書き始めます。末文も結語も不要ですので，用件を書き終えたら，以上で締めくくります。

敬語は最小限にとどめますので，丁寧語が基本です。尊敬語や謙譲語は，原則必要ありません。ただし，企業差がありますので，自社の状況に合わせるようにしましょう。

(4) 5W2Hと箇条書きの活用

情報を正確に表現し，簡潔でわかりやすい機能的な文書をデザインするためには，5W2Hを活用します。文書のデザインに必要な情報はムダなくモレなく正確に5W2Hでおさえ，それをムダなくモレなく正確に文書のデザインに活か

します。

　このとき，文書を簡潔でわかりやすくする方法として，箇条書きが役立ちます。箇条書きを活用すると，受信者は用件を把握しやすくなります。と言いましても，箇条書きを用いない文書を目にすることもあります。

　箇条書きを活用するときの留意点を，以下に挙げておきます。

☑ 一箇条一内容
☑ 短文（通常文より短く）でわかりやすく
☑ 表現をそろえる
　　名詞（体言）止め，〜のこと，〜する　など
☑ 配列順を決める
　　重要性順，時系列順，手順　など
☑ 各箇条に番号をつける（番号のかわりに中黒などを使用している文書も有）

図表４−１ 5W2H

When（いつ）	時間，時期，期間（発信年月日，開催日時，納期，申込日，受付日，決済日，承認日　など）
Where（どこで）	場所（担当部門，開催場所，面接場所，納品場所，集合場所　など）
Who（だれが）	主体（業務担当者，参加者，報告者，機械，システム　など） ※人間とは限らない
What（何を）	内容（依頼内容，照会内容，通知内容，注文内容　など）
Why（なぜ）	理由（依頼理由，照会理由，受講理由　など）
How（どのように）	手段（方法，方針，手法　など）
How much（いくら）	金額（予算，経費，価格　など）
How many（いくつ）	数量（発注量，納品量　など）

※「How」と「How muchにHow manyを含み」，5W2Hとしているものもある。「How」と「How much」と「How many」とを分けて，5W3Hとしているものもある。筆者は，「How」と「How muchとHow manyを一括り」にして5W2Hとしている。

２．書　式

　社内文書の書式を**図表４−２**で示します。

図表4−2 社内文書の書式

注1：□は全角スペースである。
注2：↵は1行空行である。

① **文書番号（発信番号）**

　文書番号をどのように記すかは，文書管理規程に書いてあります。以下に例を示しておきます（**図表4−3**）。

図表4-3 文書管理規程における文書番号の規定

> （文書番号）
> 第○○条　発信文書には，受発信単位ごとに西暦下2桁と日時順に連続した「文書番号」をつけることとする。
> 2．文書番号の前には，受発信単位を確認できる略称を記すこととする。

「図表4-3」からは，「総180016」といった文書番号が記されます。受発信単位の略称が部門コードの企業もあります。この場合，「総180016」は，「01180016」となるでしょう。頭の「01」が部門コードです。

② 発信年月日

必ず記します。文書作成日ではなく発信日です。間違えないようにしましょう。

③ 受信者名

「営業部長　殿」，「従業員　各位」，「営業部　御中」というように記します。マル秘文書，依頼文，照会文などでは，多くが「営業部長　川鍋　雄二　様」と氏名まで記します。

④ 発信者名

多くは「総務部長」というように役職名を記します。マル秘文書，依頼文，照会文などでは，多くが「総務部長　大木　美那子」と個人名まで記します。役職名のみの場合も個人名まで記す場合も，発信者の認印を押印することを文書管理規程で定めている企業もあります。

⑤ 件　名

件名をみれば，その文書の内容がわかるように具体的かつ簡潔にデザインします。具体的にデザインすると長くなりがちですが，件名が長いと簡潔とは言えません。15文字程度でおさめましょう。件名のデザインには，「健康診断の実施（通知）」，「健康診断実施のお知らせ」などがあります。

回答文の件名は，回答を求めてきた文書（多くは照会文だが，依頼文もあ

る）の件名を用います。また，その文書の発信年月日（同年の場合は月日），文書番号も付記します（**図表4-4**）。

図表4-4 照会文に対する回答文の件名の例

照会文

```
                                    ①　営本○○○○○○
                                    ②　◎○○年○○月○○日
　店長　各位
                                            営業本部長
                                              岡本　勇樹

              ③　夏物の在庫状況（照会）

　標記に関し，下記の2点について○○月○○日（○）までにご回
答ください。
```

回答文

```
                                      ○○○店○○○○
                                      ◎○○年○○月○○日
　営業本部長
　　岡本　勇樹　様
                                            ○○○店
                                              店長　工藤　恭子

         ②　 ①　③夏物の在庫状況（回答）
    ○○月○○日 付け 営本○○○○○○ により，標記について照会
がありましたので，別紙のとおり回答いたします。
```

(注1) 照会文の件名も回答文の件名も，「夏物の在庫状況」と同一である。件名の後の（　）内に文の種類を明記する（③参照）。
(注2) 照会文の発信月日（②）が，回答文の文頭にある（②）。
(注3) 照会文の文書番号（①）が，回答文の発信月日の次にある（①）。

⑥ 本　文
ア　主　文
　文書の主体となります。直ちに用件に入り，要旨だけを記します。内容の説明などは別記にします。

イ　別記（記書き）
　主文中の「下記」を受け，「記」と中央に頭書きをし，次行から書きます。原則として箇条書きにします。

図表４－５　本文の例

```
　　　　　　　　　　店長会議の開催（通知）
　□標記の会議を下記のとおり開催します。ご出席ください。
　　　　　　　　　　　　　記
　□１．日　時　　○○月○○日（○）　○○：○○～○○：○○
　□２．場　所　　本社５階　第３会議室
　□３．議　題　　本年度上期の販売戦略
```

(注１)　□は全角スペース。
(注２)　各箇条に番号ではなく，中黒などを用いている文書もある。

⑦　追記（おって書き）
　主文に関係ある参考事項などを書きます。「なお」や「おって」で書き出します（図表４－６）。

図表４－６　追記の例

```
　　　□□なお，当日は提出済みの本年度上期販売戦略計画書に関しての
　　　□プレゼンテーションをしていただきます。
```

(注)　□は全角スペース。

⑧ 添付書類（添付資料）

　本文と関係のある資料，データを添える場合は，その名称を書きます。2種類以上あるときは，番号をつけて列記します。この場合，添付書類にも同じ番号をつけます。添付する部数も記載します（**図表4-7**）。

図表4-7 添付書類の例

```
　　　□□添付書類　　1．◎◎◎◎年度新卒採用試験予定表　　1部
　　　　　　　　　　 2．面接実施要領　　　　　　　　　　　1部
```

（注1）□は全角スペース。
（注2）添付書類が2種類以上ある場合，番号ではなく中黒を用いている文書もある。

⑨ 写し送付先

　文書を受信者以外の関係者に送付する場合は，同文の写しを作成し送付します。写しの送付先を明記します。

　メールのCCのように「受信者名」の下にデザインする書式もあります（**図表4-8**）。

図表4-8 社内文書の基本書式（受信者名の下に写し送付先をデザイン）

```
　　　　　　　　　　　　　　　　　　　　　　　　　　営〇〇〇〇〇〇
　　　　　　　　　　　　　　　　　　　　　　　　◎〇〇〇年〇〇月〇〇日

　営業部長　各位
　支 店 長　各位
　（写し送付先　　開発部長　殿）

　　　　　　　　　　　　　　　　　　　　　　　　　　取締役営業本部長
```

⑩ 完結の表示

　「以上」で締めくくります。

⑪ 担当者

　問い合わせなどに対応するために担当者を明記しておきます。基本的には，苗字と電話番号です。電話番号の明記は，企業の電話方式によります。

3．文　例

　序章4節「図表序-1」で挙げた文書について，デザインのポイントを述べ，文例を提示しています。リデザイン（redesign：より良い文書への修正）をお勧めしたい文例は，その点を記しました。

　リデザイン文書は，ウェブサイトからのダウンロード形式になっています。したがいまして，本書を手にしてくださった皆さまは，リデザイン文書をお考えいただきました上で，ウェブサイトからダウンロードなさってみてはいかがでしょうか。

　前出の図表4-2とは異なる書式の文例もあります。企業によっては，従来の書式にこだわらない独自の書式を定めています。そのような書式も文例には一部反映させています。

　なお，明記がない場合は，文例の用紙サイズはA4です。

　本節は，杉田（1994），同（1995），同（2002）の文例，筆者の収集した文例を参照しています。

(1) 指示・伝達・調整文書

　通達文，指示文，規程文，稟議書，通知文，依頼文，案内文，掲示文，回覧文，照会文，回答文，メモを取り上げます。

① 通達文

　企業内の全員，全管理職，部門内の全員などへ示達するための文書です。通常，最高責任者の決済を受けた上で出されます。通達する内容によって，デザインされる情報は異なりますが，多くの場合，通達を出す目的，理由，通達事項，実施時期，費用（経費）などです。

　内容としては，社則，社規の「制定」，「改正」，「廃止」に関するもの，一時

的なもの（業務に関するもの，全社的行事に関するもの　など）があります。一時的なもの以外は，ほとんどが社内規程になります。

　デザインのポイントを以下に示します。

- ☑ 内容に疑義が生じないように，一言一句慎重に選んで，法令文に準じた表現を用いる
- ☑ 婉曲な表現は使用しないようにし，簡潔でわかりやすく書く
- ☑ 通達事項は，箇条書きにする

社内保育ルーム運用規程の一部改正

　　　　　　　　　　　　　　　　　　　　　　　　　社達〇〇〇〇〇〇〇

　社内保育ルーム運用規程（◎◎〇〇年〇〇月〇〇日施行）の一部を改正し、◎◎〇〇年〇〇月〇〇日から実施します。

　　◎◎〇〇年〇〇月〇〇日

　　　　　　　　　　　　　　　　　　　　　　代表取締役　持田　浩一郎

第〇〇条〇項を次のように改める。

現行
　　社内保育ルームの利用時間は、原則として平日の午前8時30分から午後5時30分までとする。

改正後
　　社内保育ルームの利用時間は、原則として平日の**午前8時00分**から**午後6時00分**までとする。
　　ただし、当日の午後〇時〇〇分までに延長利用届（福厚№〇〇）を提出した場合は、午後7時30分まで利用することができる。

　　　　　　　　　　　　　　　　　　　　　　　　　　　　　以上

> 主文で、規程改定の概要を説明する。どこがどのように変わったのか一目でわかるように、現行を上部に、改正後（改正箇所は太字）を下部に明記している（旧と新とを併記）。

フレックスタイム規程の一部改正

社達○○○○○○

フレックスタイム規程（◎◎○○年○○月○○日施行）の一部を改正し、◎◎○○年○○月○○日から実施することが決定しましたので、通達します。

◎◎○○年○○月○○日

代表取締役　持田　浩一郎

第○○条（コアタイム）を次のように改める。
　全従業員が労働しなければならない時間帯は、**10:00** から **15:00** までとする。
　　　　　　　　　　　　　　　　　　　（09:30 から 16:00 まで）

第○○条（フレキシブルタイム）を次のように改める。
　開始　**07:00** から **10:00** まで
　　　　（07:00 から 09:30 まで）
　終了　**15:00** から **20:00** まで
　　　　（16:00 から 20:00 まで）

以上

主文で，規程改定の概要を説明する。改正点が一目でわかるように，罫線の上部に改正後（太字）を，下部に改正前を明記している。

第4章　社内文書のデザイン

夏期休暇について

総達○○○○○○
◎◎○○年○○月○○日

従業員 各位

取締役総務部長

夏期休暇について（通達）

　標記について、本年度は下記のとおり実施することになりましたので、お知らせします。

記

1．実施期間

　(1) 全社一斉夏期休暇

　　　○○月○○日（○）～○○月○○日（○）（○日間）

　(2) 年次有給休暇連続取得による夏期休暇

　　　○○月○○日（○）～○○月○○日（○）

　　　上記期間内で、連続○日間の取得を可とする

2．年次有給休暇連続取得による夏期休暇の実施要領

　(1) 各自の休暇取得日は、業務に支障をきたすことのないよう部ごとに調整する

　(2) 各自の休暇取得日は、部ごとに所定の用紙（休様№.○○）に記入の上、○○月○○日（○）までに総務部に提出する

　(3) 休暇を取得するときは、有給休暇届（休様№.○○）の備考欄に夏期休暇と明記し、部門長の承認を受け、休暇取得の1週間前までに総務部に提出する

以上

担当　○○
（○○○○）

夏期休暇が年によって異なる場合は，通達で周知徹底させる。
夏期休暇実施要領は「記書き」にする。

② 指示文

　企業内での上部から下部への業務上の指示，勧告，要望などを具体的に伝えるための文書です。
　デザインのポイントを以下に示します。

- ☑ 指示目的を明確に記す
- ☑ 指示内容は，箇条書きで簡潔にわかりやすく具体的に明記する
- ☑ 受信者が内容を受け入れやすいよう，高圧的，命令的にならないように配慮する
- ☑ 他の指示との矛盾があってはならない

○○月度工場安全管理重点目標の実施

総○○○○○○

◎◎○○年○○月○○日

工場長　各位

総務部長

○○月度工場安全管理重点目標の実施（指示）

　標記に関しては、「○○○に関する安全」になります。

　「労働安全管理マニュアル」の「○○○に関する安全」にしたがい、安全管理に万全を期するよう特段の配慮をお願いします。

　なお、各工場における「○○○に関する安全」の実施報告書は、下記の要領で提出してください。

　よろしくお願いします。

記

1．実施状況総括報告書　　　工様№.○○
　　実施状況チーム報告書　　工様№.○○

2．提出期限　　○○月○○日（○）

以上

担当　○○

（○○○○）

ルーチン化されていることに対する指示なので，実施の趣旨説明などをデザインする必要はない。

タイムカード打刻に関する厳守事項

総○○○○○○
◎◎○○年○○月○○日

フレックスタイム制度適用従業員　各位

総務部長

タイムカード打刻に関する厳守事項（指示）

フレックスタイム制度適用従業員は、下記事項をご確認の上、厳守願います。

記

1．出退勤時は、タイムカードに打刻すること
2．万一打刻を忘れた場合は、「総務部庶務グループ」に連絡すること

以上

担当　○○
（○○○○）

この文書の受信者は、タイムカードで出退勤管理されていることに対する意識がほとんどない可能性もある。
したがって、その点に触れた上で、フレックスタイム制度適用者のタイムカード打刻の現状も記しておく必要がある。

➡ 上記の文書をリデザインした文書は、ウェブサイトからダウンロードの上参照してください。リデザインのポイントは以下の通りです。

〈リデザインのポイント〉
全従業員の出退勤をタイムカードで管理している旨を記した。
その上で、フレックスタイム制度適用従業員のタイムカード打刻にかかわる現状を伝えた。
その後に「記書き」の2点を厳守するようにという対象者への指示をデザインした。

③ 規程文

企業が任意に制定する社内の制度や事務手続き等の基準を定めた文書であり、業務を遂行していくうえでの基本ルールです。

企業がそれぞれの立場で制定します。内容的には、次のようなものがあります（**図表4－9**）。

図表4－9 規程文の種類

経営・総務に関するもの	株式取扱規程　取締役会規程　職務分掌規程　印章管理規程　備品管理規程　文書管理規程　など
営業・購買に関するもの	販売管理規程　取引先口座開設規程　外注品管理規程　資材購買規程　など
人事・教育・労務に関するもの	職務分掌規程　出向規程　資格規程　給与規程　提案規程　教育訓練規程　旅費規程　退職金規程　育児介護休業規程　など
福利厚生・安全衛生に関するもの	社宅管理規程　住宅資金貸付規程　慶弔見舞金規程　社員持株制度管理規程　労働安全衛生管理規程　労働災害補償規程　など
財務・経理に関するもの	経理規程　予算管理規程　固定資産会計規程　関係会社決裁手続規程　など

一般的には、本則（規程の本体・主体的部分、本則の書き方はコラム4－1参照）と附則（規程の付随・付帯的部分、附則の書き方はコラム4－2参照）から構成されています。

デザインのポイントを以下に示します。

☑ 理論的に筋の通った記述で、解釈に疑義が生じないように正確に書く
☑ 文体は、常体を用いる

コラム 4－1

本則の書き方

条・項・号	内容は、「条」に分けて記載する。条の前の右片に（　）で見出しをつける 一つの「条」の内容で、行を改めるときは、「項」を立てる。項は第2項以下のみ、頭に「2　3　4……」と番号をつける 「条」や「項」の中で、細分化した事項を列挙する場合、「号」を設ける。号は頭に「一　二　三……」（縦書き）、「(1) (2) (3)」（横書き）と

	表示する 〔例〕文書規程 　（目的） 　第1条　この規程は，…… 　（定義） 　第2条　この規程における用語の定義は，…… 　　　(1)　文書とは，…… 　　　(2)　部とは，…… 　　　(3)　課とは，…… 　（文書化の原則） 　第3条　業務の処理は，文書によって行わなければならない。…… 　　　　　　　　　　… 　（私信・私有禁止） 　第5条　業務の処理は私信によって行ってはならない。…… 　　　　　2　文書はすべて……
記載順序	総則的なもの 　規程の目的・趣旨　規程で用いる用語の定義　規程の解釈運用上の留意点など 実質的なもの 　規程の中心となる内容 雑則的なもの 　規程に関する派生的な事項
編・章・節	条の数が少ない規程では不要 第1段階の区分　「章」を用いる 第2段階の区分　大区分に「章」，小区分に「節」を用いる 第3段階の区分　大区分に「編」，中区分に「章」，小区分に「節」を用いる 〔例〕文書事務取扱規程 　第1章　総則 　第2章　文書の作成 　　第1節　文書作成の要領 　　第2節　発信文書の作成 　　第3節　その他の一般文書の作成 　第3章　文書の発信および受信 　第4章　文書の整理および保存

コラム 4-2

附則の書き方

記載順序	その規程の施行期日，他の規程の廃止規定，その規程の施行に伴う経過規程，他の規程の一部改正規程の順に記載
	施行期日はどの規程でも必ず書く。廃止規定，経過規程，改正規程は必要な場合だけ書く
施行期日	制定の日と同一日か，制定後の特定日を指定する
	過去にさかのぼって適用日を指定する場合もある
	〔例1〕　この規程は，平成○○年○○月○○日から適用する
	〔例2〕　この規程は，平成○○年○○月○○日から適用する。ただし，第2条（通勤手当の支給）の2の規程は，平成○○年○○月○○日から適用する
廃止規程	新たに規程を制定した場合などで，旧規程を廃止する必要があるときに記載
	〔例〕　この規程の適用に伴い，従前の○○規程（平成○○年○○月○○日制定）は，廃止する
経過規程	新たに規程を制定した場合で，従前の規程を暫定的に存続させる必要があるときに記載
	〔例〕　この規程により支給されることになった資格手当の額が，従前支給されていた資格手当の額より少ない場合は，当面従前の額を支給する
改正規程	新たに規程を制定したり，規程を一部改正したりで，他の規程の用語などを一部改正する必要があるときに記載
	〔例〕　この改正に伴い，○○規程の第7条中にある「○○」を「○○」に改める

従業員貸付金規程

従業員貸付金規程

（目的）
第1条　この規程は、従業員が特別な事由により資金を必要とするとき、その資金を貸し付け、従業員の福利厚生に資することを目的とする。

（対象者）
第2条　この規程により貸し付けを受けることのできる従業員は、勤続〇年以上の正規従業員とする。非正規従業員には本規程を適用しない。

（貸付金の限度額）
第3条　貸付金の限度額は、本人の年収および退職金を勘案して、その事由ごとの貸付限度額は、次条に示すところによる。

（貸付事由とその限度額）
第4条　貸付事由とその限度額は、次の各号によるものとする。
　⑴　本人および家族の療養　　　　　〇〇〇,〇〇〇円以内
　⑵　本人および家族の冠婚葬祭、進学　〇〇〇,〇〇〇円以内
　⑶　本人または配偶者の出産　　　　〇〇〇,〇〇〇円以内
　⑷　住居の賃貸借契約　　　　　　　〇〇〇,〇〇〇円以内
　⑸　災害の復旧　　　　　　　　　　〇〇〇,〇〇〇円以内
　⑹　住居の修理　　　　　　　　　　〇〇〇,〇〇〇円以内
2　前項において家族とは、従業員の収入により生計を維持する者で、配偶者および同居の親族をいう。

（貸し付けの申し込み）
第5条　貸し付けを受けようとする者は、所定の貸付申請書に資金の使途を詳記し、総務部に提出する。

（貸付金の利息）
第6条　貸付金の利息は、年〇.〇％とする。

【別表】

貸付金額	返済期間
〇〇〇,〇〇〇円以下	〇年以内
〇〇〇,〇〇〇円以下	〇年以内
〇〇〇,〇〇〇円以下	〇年以内
〇〇〇,〇〇〇円以下	〇年以内

（貸付金の返済）
第7条　貸付金は原則として均等月賦償還法により、毎月の給与から返済するものとし、その返済期間は、別表のとおりとする。
2　貸し付けを受けた者が傷病による長期欠勤その他これに準じる事故が発生したときは、貸付金の返済につき別段の取り扱いをすることができる。
3　貸し付けを受けた者が退職した場合において、未返済金があるときは、退職金の中からこれを全額一時に返済しなければならない。

　　附則
　この規程は、平成〇〇年〇〇月〇〇日から実施する。

福利厚生関係の規程である。
この種の規程には慶弔見舞金規程、社宅管理規程などがある。

④ **稟議書**

　経営上,業務上の事案に対し決裁権者に決裁,承認を求めるための文書です。稟議書は会議を開かないで決済・承認を受けることができます。ただし,関係者との事前調整が必要なこともあります。決裁・承認されると効力を発して,上部から下部への指示文書となります。

　稟議書の「稟」が常用漢字にないこともあり,「伺い書」,「起案書」としている企業もあります。経営上の重要事項は「稟議書」(「伺い書」,「起案書」),業務上の事案は「申請書」としている企業もあります。

　決済,承認を受けるために稟議書をデザインする主な事案を以下に挙げておきます(**図表4-12**)。

図表4-12　稟議書をデザインする主な事案

計画策定に関するもの	経営計画　設備投資　など
制定に関するもの	○○規程　○○取扱要領　など
実施に関するもの	重要な契約　重要な行事　など
発令に関するもの	採用　昇進昇格　異動　など
発注・購入に関するもの	工事の発注　備品・消耗品の購入　など
その他	交際費などの支払い　講習会などへの参加　など

　デザインのポイントを以下に示します。

☑ 決裁,承認事項の目的,必要性,効果などを簡潔かつ具体的に書く
☑ 箇条書きを活用し,わかりやすく書く
☑ 事前調査については,結果,経緯,前例などを記載する
☑ 長文の場合は,冒頭に要旨を書く
☑ 必要に応じて,データや関連資料などを添付する

消耗品購入申請書 （A5）

消耗品購入申請書

申請No.　営○○○○○○
申請日　◎◎○○年○○月○○日

取締役経理担当	経理部長	総務部長	部　長	申請者
				所属：営業部事務担当 氏名：佐保田　祐実㊞

下記のとおり、発注購入を申請します。

発注先	品名	単価	数量	金額
○○○○○ 株式会社	○○○フォルダー (No.○○○-○)	○○○	○○	○,○○○
〃	○○○フォルダー (No.○○○-○)	○○○	○○	○,○○○
合　計　金　額				○○,○○○

【備考】

帳票化されているので、必要事項を間違えないように記入する。
在庫されていない消耗品などを希望する場合は、このような申請書に記入し、上司に提出し、許可を得た上で購入担当部門に依頼する。

プロジェクトチーム付 秘書の採用

稟 議 書

代表取締役社長	年　月　日　㊞	稟議番号	人〇〇〇〇〇〇
取締役専務執行役員	年　月　日　㊞	決　裁	年　月　日
取締役常務執行役員	年　月　日　㊞	起　案	◎〇〇〇年〇〇月〇〇日
合　　議		主管部長	

起案者　所属・氏名　〇〇〇〇〇プロジェクト・チームリーダー　三澤　嘉久子㊞

件　名　〇〇〇〇〇プロジェクト・チーム付 秘書の採用

　〇〇〇〇〇プロジェクトが、〇〇月〇〇日（〇）からスタートいたします。それに伴い、このプロジェクトの事務的な管理業務を担当するプロジェクト・チーム付秘書を必要としておりますので、雇用の決裁をお願いいたします。

記

1．事由
　　〇〇〇〇〇プロジェクトの各メンバーが、次期主力商品の開発に専念していくためには、このプロジェクトの事務的な管理業務全般を担う者の存在が不可欠である。
　　そのため、事務能力の高いチーム付秘書1名を必要とする。
2．期間
　　◎〇〇〇年〇〇月〇〇日（〇）～◎〇〇〇年〇〇月〇〇日（〇）（6ヵ月間）
3．採用条件
　　「2．期間」で提示したように6ヵ月間ということから、以下の条件を満たす派遣秘書を希望する。
　　① TOEIC〇〇〇点以上
　　② パソコンが使いこなせること
　　（Word、Excel、PowerPoint、Access、SPSS）
　　③ 秘書的センスと営業的センスがあること
4．採用試験に関する依頼事項
　　筆記試験
　　　英語（プロジェクト・チームで作成済）
　　面接試験
　　　本プロジェクトのチームリーダーとサブリーダーの参加

以上

> プロジェクトチーム付秘書を必要とする理由，また採用者のスキルを明確に記しておく。

⑤ **通知文**

　事実や業務上の決定事項などを受信者に知らせるための文書です。伝達するもの（○○支店移転　など）と指示的要素を含んでいるもの（会議の開催　など）とがあります。どちらも，主旨は事実や決定事項などの伝達です。

　デザインのポイントを以下に示します。

☑ 伝達事項が確実に伝わるように，正確，簡潔に書く
☑ 主たる伝達事項を簡潔に書き，「記」書きで内容を説明する
☑ 定例的な通知（会議開催 等）は，フォーム化しておくとよい

第○○期経営企画会議

```
                                    経企○○○○○○
                                  ◎◎○○年○○月○○日

経営企画会議メンバー　各位
                                       経営企画室長

             第○○期経営企画会議（通知）

　標記の会議を，下記のとおり開催します。ご出席くださるようお知らせいた
します。

                       記

  1．日　時　　○○月○○日（○）○○：○○～○○：○○
  2．場　所　　本社○階第1会議室
  3．議　題　　(1) ○○事業への進出に関する○○○○の結果報告
              (2) ○○事業進出に関する具体的スケジュールの検討

　添付の「○○事業への進出に関する○○○○の結果報告書」をもとに，
具体的スケジュールに関してのアイディアを，会議日までにまとめておいて
ください。
                                              以上

                                       担当　大畠
                                       （○○○○）
```

会議日までに準備しておくことを、追記で明記している。

健康診断再検査について

> 総○○○○○○
> ◎○○○年○○月○○日
>
> 営業部特販チーム
> 　大川　友樹　様
>
> 　　　　　　　　　　　　　　　　　　　　　総務部長
> 　　　　　　　　　　　　　　　　　　　　　　石田　祐子
>
> <u>健康診断再検査について（通知）</u>
>
> 　下記のとおり、再検査をお願いいたします。
>
> 　なお、「再検査にあたっての注意事項」を同封してあります。受診1週間前までに必ずお読みください。
>
> 　　　　　　　　　　　　　記
>
> 　1．日　時　　○○月○○日（○）○○：○○
> 　2．場　所　　本社別館○階　○○診療所
>
> 　仕事の都合で、やむを得ず当日受診できない場合は、○○月○○日（○）までに総務部○○にご連絡ください。
>
> 　同封物　　再検査にあたっての注意事項　　1部
>
> 　　　　　　　　　　　　　　　　　　　　　　　　　　　以上
>
> 　　　　　　　　　　　　　　　　　　　　　担当　○○
> 　　　　　　　　　　　　　　　　　　　　　（○○○○）

 再検査を受けなければならない理由を記しておく必要がある。

➡ 上記の文書をリデザインした文書は、ウェブサイトからダウンロードの上参照してください。リデザインのポイントは以下の通りです。

〈リデザインのポイント〉
再検査が必要な理由を記した。

⑥　依頼文

　広義での業務にかかわる依頼をするための文書です。相手の手をわずらわせる，相手の厚意に訴えるといった面もあるので，誠実に丁寧に依頼する必要があります。

　簡単な場合は，口頭で依頼することもあります。

　デザインのポイントを以下に示します。

☑ 依頼の目的を明確にし，依頼内容（箇条書きを活用）を具体的に簡潔かつわかりやすく書く
☑ お願いするという謙虚さを忘れない（指示的な表現は避けるなど）で，誠意のある丁寧な表現で書く
☑ 期限を明記する
☑ 依頼する側と依頼される側の氏名を明記する

社内報「かがやき」の原稿執筆

広〇〇〇〇〇〇
◎〇〇〇年〇〇月〇〇日

真岡工場長
　小川　洋司　様

広報室長
小山田　一之

社内報「かがやき」の原稿執筆（依頼）

　「かがやき」第〇〇号（〇〇月1日発行）で、貴工場の従業員の活躍ぶりを紹介する特集記事を掲載することになりました。
　つきましては、下記要領にて原稿を執筆くださいますようお願いいたします。

記

1．題　名　　チームで頑張る！真岡工場の従業員
2．内　容　　新設備のもと、チームで成果を挙げている従業員の働きぶり
3．枚　数　　A4サイズ40字×30行で2枚と写真3枚以内
4．提出先　　フォルダ「広報室」のサブフォルダ「社内報原稿」
5．締切日　　〇〇月〇〇日（〇）

以上

担当　〇〇
（〇〇〇〇）

執筆要領を「記書き」で、明確に記しておく。

社長賞受賞候補者の推薦

```
                                            社○○○○○○
                                            ◎○○○○年○○月○○日
部 長  各位
支店長  各位
                                            社長室長
                                              喜多田 美智雄

                社長賞受賞候補者の推薦（依頼）

 標記について、下記の要領で該当候補者を推薦願います。

                        記

 1．推 薦 方 法
    社長賞規程（別紙）の選考基準にしたがい候補者を推薦し、候補者推薦
    書を喜多田に提出（親展とする）
 2．推 薦 人 数
    2名
 3．推薦書提出期限
    ○○月○○日（○）

    なお、授与者の選考は、社長賞選考委員会で行います。

 添付書類  1．社長賞規程（写）   1部
          2．候補者推薦書      2部

                                                        以上

                                            担当 ○○
                                              （○○○○）
```

 社長賞受賞候補者を推薦する理由を記しておいたほうがよい。

➡ 上記の文書をリデザインした文書は，ウェブサイトからダウンロードの上参照してください。リデザインのポイントは以下の通りです。

〈リデザインのポイント〉
社長賞受賞候補者を推薦する理由を記した。

⑦ **案内文**

社内行事や催物などの情報を提供し，関係者に行動を起こしてもらうための

文書です。回覧文，掲示文にすることもあります。
　デザインのポイントは，通知文とほぼ同じですが，以下に示します。

☑ 案内事項を正確に，わかりやすく，簡潔に書く
☑ 主たる案内事項を簡潔に書き，「記」書きで内容を説明する
☑ 読む気，行動する気になるように書く

社販のご案内

　　　　　　　　　　　　　　　　　　　　　　　　総○○○○○○
　　　　　　　　　　　　　　　　　　　　　　　◎◎○○年○○月○○日
従業員 各位
　　　　　　　　　　　　　　　　　　　　　　　　　　　　総務部長

社販のご案内

　「◎◎○○年度上期○○○グループ社販」が、下記のとおり開催されます。
　生活用品から宝石まで、市価の○○〜○○％引きと大変お買い得になっています。
　ぜひ、ご利用ください。

記

1．日　時　　○○月○○日（○）〜○○月○○日（○）10:00〜18:00
2．会　場　　○○センタービル○○階大ホール

　フォルダ「総務部」のサブフォルダー「行事」内にある「会場案内図付社販入場券」（1枚で3名まで入場可）を印刷してご持参の上、会場入り口でお出しください。

　　　　　　　　　　　　　　　　　　　　　　　　　　　　以上

　　　　　　　　　　　　　　　　　　　　　　　　　担当　○○
　　　　　　　　　　　　　　　　　　　　　　　　　（○○○○）

 会場案内図と入場券の入手方法を追記で記している。

第4章　社内文書のデザイン

[資料室の利用について]

総○○○○○○○
◎◎○○年○○月○○日

従業員 各位

　　　　　　　　　　　　　　　　　　　　　総務部長

<u>資料室の利用について（案内）</u>

　資料室の拡張工事が終了しましたので、○○月○○日（○）から利用できます。

　利用の際は、下記の点にご留意ください。

記

1．利用日時
　　月曜日〜金曜日○○：○○〜○○：○○（原則）
2．ミーティングルームの利用
　　資料室受付の利用予約表に記入しておくこと
2．貸し出し　　書籍：2週間を限度として、2冊まで
　　　　　　　　資料：貸し出し不可（閲覧ルームでの利用のみ）

　なお、原則外利用を希望する場合は、利用日の2日前の 16:00 までに理由書（総様№.○○）を総務部に提出の上、許可を受けてください。

以上

担当　○○
（○○○○）

拡張工事後の資料室の状況を簡潔に広報しておくとよい。

➡上記の文書をリデザインした文書は，ウェブサイトからダウンロードの上参照してください。リデザインのポイントは以下の通りです。

〈リデザインのポイント〉
拡張工事後の資料室の状況を記した。

⑧ 掲示文

カフェテリア（社員食堂），ロビー，喫煙ルームなどに掲出し，大多数の従業員に情報を伝えるための文書です。内容は，案内文が多く，一部通知文などもあります。

デザインのポイントを以下に示します。

☑ 掲示用の専用紙を用いる，字の大きさ（大き目の字）や色などを工夫するなどして，人目を引く

☑ 一見してわかる件名，短文で大要を書く。詳細が必要な場合は，別途文書をデザインする

　　　　　　歓送迎会

歓 送 迎 会

　営業所長の吉田さんは、〇〇月〇〇日付で、〇〇支店次長にご栄転することになりました。
　また、新営業所長として、〇〇支店の奥田さんをお迎えいたします。
　そこで、営業所長交代の歓送迎会を開きたいと存じます。
　ご賛同の上、ご出席くださいますようご案内申し上げます。

　　　　　　　　　記
　1. 日　時　　〇〇月〇〇日（〇）
　　　　　　　　〇〇：〇〇～〇〇：〇〇
　2. 場　所　　〇〇〇（〇〇ビル〇階）
　　　　　　　　☎〇〇〇〇-〇〇〇〇
　3. 会　費　　〇，〇〇〇円（当日集めます）

　出欠は〇〇月〇〇日（〇）までに、小野までご連絡ください。

　　　　　　　　　　　　　　　　　　以上

　　　　　　　　　　　　　　幹事　久保田　小野

歓送会と歓迎会とを一緒に開催する案内である。

本年度開発部の旅行

本年度開発部の旅行

標記について、下記のように決まりました。
皆さんからのご意見（旅行アンケート集計結果）をもとに、幹事が知恵をしぼりました。
全員の参加を期待しております。

記
1. 日　時　　〇〇月〇〇日（〇）～〇〇月〇〇日（〇）
　　　　　　　　　　　　　　　（一泊二日）
2. 場　所　　〇〇〇リゾート〇〇〇

　〇〇コーナーにある資料を参照の上、各自の希望を〇〇月〇〇日（〇）までに希望調査表（資料最終ページ）にご記入ください。

以上

幹事　久保田　小野

旅行先の決定理由を簡潔に書き、全員参加を呼びかけている。

⑨　回覧文

　部門内全員に確実に知らせたり，案内したりするための文書です。掲示文とほぼ同じです。掲示文では書ききれない，社外の人の目にはふれないほうがよいといった場合，回覧文にします。

　既読者は押印またはサインをして，次の人に渡します。「お知らせ」と同時に「賛同者，出席者，購入者を募る」場合は，記入欄をデザインするか，記入用紙を添付しておきます。

　同一部門内で，上部から下部への順で回します（回覧のルールを設けていないことも多い）。

　デザインのポイントを以下に示します。

- ☑ 一般的には，左上に「回覧」の文字（印）を目立つように表示する
- ☑ パンフレットや商品などを回覧する場合は，説明文をつける
- ☑ 確実に回覧するためには，既読日時の記入欄や押印（サイン）欄をデザインしておく
- ☑ 回覧期限，回覧後だれに戻すのか，回覧後だれが保管しているのかを明記しておく

当社紹介記事掲載誌の回覧

```
┌─────────────────────────────────────────┐
│ ┌──────┐                                │
│ │ 部内回覧 │                  総○○○○○○   │
│ └──────┘                  ◎◎○○年○○月○○日 │
│                                         │
│   部長 各位                              │
│                              総務部長     │
│                                         │
│          当社紹介記事掲載誌の回覧           │
│                                         │
│   このたび、「日本の元気な中小企業」シリーズ（月刊『○○○○○○○』○○ │
│  月号、○○出版）で、当社が紹介されました。  │
│   「○○○技術で○○知らずの○○○○○○」と題して、当社の技術力のすばら │
│  しさが書かれております。部内回覧でお読みください。 │
│   なお、業界屈指の技術力がある当社の社員であることを誇りに思い、仕事に │
│  励むよう指導をお願いいたします。         │
│                                    以上  │
│                                         │
│  ┌─┬─┬─┬─┬─┬─┬─┬─┬─┬─┐             │
│  │/│/│/│/│/│/│/│/│/│/│             │
│  │:│:│:│:│:│:│:│:│:│:│             │
│  ├─┼─┼─┼─┼─┼─┼─┼─┼─┼─┤             │
│  │/│/│/│/│/│/│/│/│/│/│             │
│  │:│:│:│:│:│:│:│:│:│:│             │
│  └─┴─┴─┴─┴─┴─┴─┴─┴─┴─┘             │
│           ※ 回覧後は、部内資料として保管してください。│
└─────────────────────────────────────────┘
```

☞ 回覧文を見た人のチェック欄を工夫している。見た人は，次の人に渡す時点で日時を記入して，押印かサインをする。速やかに回覧される可能性が高い。

第4章 社内文書のデザイン

歓送会のご案内

```
┌─────────┐
│  回  覧  │
└─────────┘
```

◎◎○○年○○月○○日

営業所の皆さま

歓送会幹事
久保田　小野

歓送会のご案内

　吉田営業所長は、○○月○○日付で、○○支店次長にご栄転することになりました。そこで、ご栄転を祝して、下記のとおり歓送会を開きます。

　ご賛同の上、ご出席くださいますようご案内申し上げます。

記

1. 日　時　　○○月○○日（○）○○：○○〜○○：○○
2. 場　所　　○○○（○○ビル○階）　☎○○○○－○○○○
3. 会　費　　○,○○○円（当日集めます）

　回覧時に、出欠をご記入ください。

以上

【回覧】「出」「欠」は、該当するほうを○で囲んでください。

○○○	○○	○○	○○	○○○	○○	○○○
出席	出席	出席	出席	出席	出席	出席
欠席	欠席	欠席	欠席	欠席	欠席	欠席
○○	○○	○○	○○○	○○	○○	戻り
出席	出席	出席	出席	出席	出席	
欠席	欠席	欠席	欠席	欠席	欠席	小野まで

※ <u>○○月○○日（○）</u>までに、小野に戻るように回覧してください。

☞ 回覧と同時に出欠の確認ができる。
　いつまでに誰に戻すかを記しておくと，期日内に戻ってくる確率が高くなる。

⑩　**照会文**

　業務上，疑問点や不明点，確認したい事項，詳しく知りたい事項などが生じた場合，それを問い合わせるための文書です。

　簡単な内容の場合，口頭で問い合わせることもできます。ただし，大切な用件である，データを取る，資料にまとめる，といった場合は文書にします。

　デザインのポイントを以下に示します。

- ☑ 照会目的，照会理由を明記する
- ☑ 照会事項は，箇条書きにする
- ☑ 複数の相手に，複数の事項を照会する場合は，フォーム化した回答用紙を添付しておく。回答者は回答しやすく，照会者は整理しやすい
- ☑ 照会事項に対する回答を依頼していることを踏まえたていねいさが必要である
- ☑ 回答期限を明記する
- ☑ 機密事項については「親展」とし，受発信者ともに責任者とする

○○月○○日の売上

営統○○○○○○
◎◎○○年○○月○○日

三宮店マネージャー

　飯倉　麻友子　様

営業統括部長

牧田　雄一朗

○○月○○日の売上（照会）

標記について、下記の不明点があります。

至急調べて、○○月○○日（○）までに回答してください。

記

1．○○月○○日（○）の送信データの売上金額○,○○○,○○○円に対し、入金金額が○○,○○○円のプラスとなっている理由

2．三宮店では取り扱っていないブランド「○○○」の△△△△（商品コード○○－○○○）が，1点販売されている理由

以上

担当　○○

（○○○○）

不明点に関する具体的照会事項は，記書きにする。
電話で済ませることも多いが，文書にしておくことが望ましい。メールも増えている。

　　　　　　　◎◎○○年度上期ディーラー別販売実績

　　　　　　　　　　　　　　　　　　　　　　　営統○○○○○○
　　　　　　　　　　　　　　　　　　　　　　◎◎○○年○○月○○日

　支店長　各位

　　　　　　　　　　　　　　　　　　　　　　営業統括部長

　　　　　　　　　　　　　　　　　　　　　　倉田　光二朗

　　　　　　◎◎○○年度上期ディーラー別販売実績（照会）

　　標記について、下記事項へのご回答を○○月○○日（○）までにお願いいた
　します。

　　　　　　　　　　　　　　　　記

　１．ディーラー別詳細販売実績（営統様№.○○を使用）

　２．ディーラー別販売動向（営統様№.○○を使用）

　　　　　　　　　　　　　　　　　　　　　　　　　　　　以上

　　　　　　　　　　　　　　　　　　　　　　担当　○○
　　　　　　　　　　　　　　　　　　　　　　（○○○○）

照会理由や照会内容の活用法などを、可能な限り記しておくことが望ましい。

➡ 上記の文書をリデザインした文書は、ウェブサイトからダウンロードの上参照してください。リデザインのポイントは以下の通りです。

〈リデザインのポイント〉
回答の活用法が記されている。

⑪　回答文

　照会文に対する回答の文書がほとんどですが，依頼文に対する回答もあります。正確，ていねいに回答します。
　デザインのポイントを以下に示します。

☑ 結論重視で，簡潔，明確，丁寧に書く
☑ 回答以外は書かない。回答者として附記や添付が必要な場合は，「参考として」などと断っておく
☑ 件名は，元の文書（回答が必要な照会や依頼の文書）と同一にする。元の文書の文書番号，発信日を回答文に明記する。受信者がどの文書に対する回答かすぐわかる（2節「図表4−4」参照）
☑ 解答用紙が添付されている場合は，それに記入する
☑ 回答期限は厳守する。期限内に回答できない場合は，その旨を連絡しておく

〇〇月〇〇日の売上

三宮〇〇〇〇〇〇

◎〇〇〇年〇〇月〇〇日

営業統括部長

　牧田　雄一朗　様

三宮店マネージャー

飯倉　麻友子

〇〇月〇〇日の売上（回答）

　〇〇月〇〇日付、営統〇〇〇〇〇〇で照会のありました標記につきまして、下記のとおり回答いたします。

1．入金額〇〇,〇〇〇円のプラス（送信データの売上金額に対し）について
　　最後のお客さまのお買い上げが当日のレジ集計後だったため（売上計上は翌日）
　　※　〇〇日と〇〇日との売上相殺処理は済んでおります

2．当店取扱外ブランド「〇〇〇」の△△△△（商品コード〇〇-〇〇〇）を1点販売したことについて
　　当店のお得意さまのご購入希望に対し、便宜をはかったため（元町店から取り寄せ）

以上

照会文「〇〇月〇〇日の売上」に対する回答文である。
照会事項に対して、簡潔に回答している。
照会事項に関して処理済み事項があれば記しておく。

| ◎◎○○年度上期ディーラー別販売実績 |

福岡支○○○○○○

◎◎○○年○○月○○日

営業統括部長

 倉田　光二朗　様

福岡支店長

岡本　勇樹

◎◎○○年度上期ディーラー別販売実績（回答）

　○○月○○日付、営統○○○○○○で照会のありました標記について、別紙のとおり回答いたします。

　　　同封書類　　１．ディーラー別詳細販売実績　　１部

　　　　　　　　　２．ディーラー別販売動向　　　　１部

以上

担当　○○

（○○○○）

☞ 照会文「◎◎○○年度上期ディーラー別販売実績」に対する回答文である。回答は、指定書類に記入のため、送付状的な回答文になっている。

⑫ **メモ**

　序章4節「メモも重要なビジネス文書」で，「第4章3節(1)⑫「メモ」を参照」と示しておきました。メモと言えば「伝言メモ」と思いがちですが，序章3節でも触れた口頭指示のメモがあります。

　メモには発信者（以下，書き手）と受信者（以下，読み手）が異なるメモもあれば，書き手と読み手が同一のメモもあります。書き手と読み手が異なるメモは，メモがあることを読み手に伝える必要があります。

　すべてのメモに共通するデザインのポイントを以下に示します。

☑ 読んでわかるメモではなく，見てわかるメモを書く（原則は箇条書き）
☑ 5W2Hでチェックし，内容にモレやミスがないようにする（固有名詞や数字は，特に気をつける）

　以下では，メモの種類別にデザインのポイントを示します。

伝言メモ (A6)

 聞き違いがないかどうかを確認（復唱）し，読み手が誤解や勘違いをしないように正確かつ簡潔に書く（序章1節参照）。
伝言依頼者（誰から），伝言伝達相手（誰宛），伝言内容，伝言受付日時，伝言受付者が必要である。
該当する□に✓点を入れ，伝言は箇条書きで簡潔に書く。
名前をカタカナ書きにしているのは，漢字が異なる場合（Ex. 安岡，保岡），漢字の読みが複数ある場合（Ex. 河野：こうの，かわの）を想定しているからである。なお，漢字よりカタカナのほうが早く書けるといった利点もある。

ほうれんそうメモ (A5)

```
        ほうれんそう   メ モ
        （報・連・相）

                 年 ○○月 ○○日   15 : 30

  ┌─────────────┐
  │      細田   様  │ 発信者  岸田
  └─────────────┘

箇条書きで、簡潔に！

 発信事項（報告・連絡・(相談)  回答 (要)   月   日まで・否）

     東進システム様へのUX-5の販売価格に関して
       2台にした場合、1台あたり260万円にしてもらえないだろうか
       とのこと。
       1台ということで280万円の見積書を○○月○○日（○）
       にお渡し済。

     ※ 上記の件で、至急相談したいと存じます。


  【受信者欄】
```

☞ 報告，連絡，相談のためのメモである。
発信内容は箇条書きで簡潔に書く。
メールで行われることも多い。

第4章 社内文書のデザイン

㊥連絡メモ （A5）

㊥連絡メモ

　　　　　　スドウ　　　　様へ

　　　　　東都ブッサン　　の　　　マキタ　様 から

☑ （　　　　4589　　　）に、お電話です
☐ （　　　　　　　　　）に、お見えです
☐ その他（　　　　　　　　　　　　　　　　）

　　KM—7の発注の件で

※ いかがなさいますか
☐ 電話に出ます
☐ 折り返し電話をかけます
☐ お会いします（　　　　　　　　にお通しするように）
☐ その他

　　　　　　　　　月　　日　受付者：

本来の受け手が電話中の場合に、素早く記入し、このメモを見せ、いかがなさいますか欄を、筆記具で指し示しながら指示を仰ぐ。
用件欄の記入は箇条書きである。
素早く記入、素早く電話中の相手に見せるため、受付日時、受付者は書かなくてもよい。
誰宛も同様である（会議中の相手へ連絡しなければならない場合も、活用できる）。

指示内容をデザインしたメモと仕事の進め方

4/5（○）09：10太田部長からの指示	2．4/5，09：30　総務部○○さんに依頼
●4/8（○）16：00〜17：30の部内会議の資料等の準備✓	4/8，15：10にペットボトルのお茶32本第2会議室に入れてもらう✓
1．10ページの資料受け取る✓ 　4/8，15：30までに第2会議室のメンバーの座席に配付　32名分✓	1．4/8，14：30〜15：00　ソート＆ステープラーで32部コピー 　コピー後，第2会議室で配付
2．ペットボトルのお茶32名分✓	2．お茶も資料配付と一緒に ＊準備終了後，部長にその旨報告

※ペットボトルのサイズが記されていないのは，会議に出すペットボトルサイズは企業で決まっているからである（350mlが多いようである）。

A6サイズのノートを見開きで活用する。指示内容を左ページにデザインする。
左ページの指示内容の語尾のレは，指示内容を復唱確認しながらつけたチェックである。
右ページに仕事の依頼事項や段取りなどをメモしておく。
右ページに記した依頼事項や仕事が終わったら，その都度✓を書く。
メモノートを活用すると，指示された仕事が終了後，メモをくず入れに捨てることがない。
あとで問い合わせなどがあってもきちんと回答できる。

(2) 提案・報告・届出文書

提案書，企画書，報告書，届出書を取り上げます。

① 提案書

現状の課題，問題点を指摘し，業務効率をあげるための改善策を提案するための文書です。自発的に考え，工夫する従業員を育成する仕組みとして提案制度を実施している企業では，その制度に基づいて提案書が提出されます。

フォーム化した提案用紙には，企業の工夫ぶりがみられます。

デザインのポイントを以下に示します。

- ☑ 現状を簡潔に述べる
- ☑ 現状の仕組みなどをそのまま書く。必要に応じて，図などを入れてわかりやすく書く
- ☑ 現状の不便さや不合理さを述べる
「提案理由」を箇条書きで書く。業務効率をさらにあげる環境を目指したいという姿勢を示す
- ☑ 提案内容を述べる
提案内容を具体的にわかりやすく書く。必要に応じて，図，写真などを入れてもよい
- ☑ 提案内容による「改善効果」などを述べる
期待される効果，残された問題点を書く。データによる説明が可能な場合は，データを示す。金額で示すことができればさらによい

給茶機サーバーの設置

提 案 書

○○○○年○○月○○日

受理	月 日 印	受理No.	
審査	月 日 印	審査結果	
処理		提案者	営業部サポートチーム　　野村 亜実㊞
件名	給茶機サーバーの設置		

【現状】
お茶のサービス
　朝礼終了後、女性社員が部単位で担当している（当番制）。

【問題点】
1. 部内のお茶のサービスに費やされる時間
　各部平均○○分に及ぶ。また、片づけ（湯飲み茶わんを引き上げ、洗う）の時間も各部平均○○分に及ぶ（別紙 添付資料1）。
2. 来客へのお茶のサービス
　来客の多い部門では、お茶出しに費やされる時間がバカにならない（別紙 添付資料2）。また当番の女性社員が離席や外出などの場合、来客へのお茶出しが遅れてしまう。
3. その他
　他の時間に自分でお茶を入れて飲む社員がいるので、当番の女性社員は電気ポットのお湯切れに気を配る必要がある。
　来客が多い部門や自分でお茶を入れて飲む社員が多い部門では、当番の女性社員の精神的負担（気が利かない女性が当番の日は、電気ポットがお湯切れになるといった男性社員の声が聞こえてくる部門もある）となり、業務への集中度が低下しかねない。

【提案】
　各フロアに給茶機サーバーを設置（別紙 添付資料3－1、3－2）し、女性社員による部単位での朝礼後のお茶のサービスをやめる。
　お茶を飲む人は、給茶機サーバーを利用する。

【効果】
1. お茶のサービスに費やされる時間が、業務遂行時間になる。
　給茶機サーバーを設置することにより、当番の女性社員がお茶のサービスに費やされる時間はゼロとなり、業務遂行時間が増える。
　来客へのお茶のサービスも給茶機サーバーを利用して、応対する担当者がお茶を出せば、来客の多い部門の女性社員は、その時間が業務遂行時間になり仕事の効率が上がる（給茶機サーバーを設置している企業では、来客のお茶にも利用し、担当者が行っている）。
2. つまらないことへ気配りが不要になり、業務に集中できる。
電気ポットのお湯切れに気を配るといった精神的負担がなくなり、業務集中度が高まる。

添付資料　　資料1　　（各部門のお茶のサービスに費やされる時間）　　　　　1部
　　　　　　資料2　　（来客へのお茶のサービスに費やされる時間）　　　　　1部
　　　　　　資料3－1　（3社からの給茶機サーバーの見積書）　　　　　　　各1部
　　　　　　資料3－2　（3社からの製品カタログ）　　　　　　　　　　　　各1部

以上

第4章　社内文書のデザイン

現状，問題点，提案，効果は，明確，簡潔，具体的に書く。
提案内容に関連する必要資料を添付する。

② **企画書**
　企業方針にそった新規業務，広報，イベントなどの計画を具体化させるための文書です。業務上の指示や担当業務のひとつとしてデザインすることも多く，許可が出れば，具体化します。
　デザインのポイントを以下に示します。

- ☑ その企画を実行する意義，メリットなどを明確にデザインする。問題があれば，述べておく。スケジュール，予算も明記しておく
- ☑ 現状，問題点，解決策とスケジュール，実施により期待される効果を書く
- ☑ 簡潔で，好印象を与える表現を心がける。表，チャートなどを活用し，ひと目でわかるように工夫する
- ☑ 企画内容に関する近未来の見通しを書く
- ☑ 複数の企画案（2〜3種類）を提示し選択してもらうときは，各企画の特徴などを一覧にしたものを添付し，上部が比較検討しやすいようにしておく

電話応対業務研修実施企画書

人研企画○○○○
◎○○年○○月○○日

取締役人事部長
　大川　恭一　様

人事部研修担当課長
飯田　優美恵

電話応対業務研修実施企画書

　電話応対業務研修の実施を下記のとおり企画いたしました。ご検討くださいますようお願い申し上げます。

記

1．研修企画の背景
　　ダイヤルインの導入決定時に、外線電話の取り方に関する説明会を部長以下の全従業員に実施した。
　　しかし、内線電話と同様、「はい、人事部研修担当の飯田でございます」というように外線に出る従業員も多いのが現状である。
　　そのため、電話をかけてきてくださったお客さまから、「共進商事さまですか」と問いかけられることも多い。
　　このような状況は男性従業員に多く見受けられるので、男性従業員は外線電話への出かたを身につける必要があるとの声が、複数の部門の女性従業員から当方へ挙がってきている。
2．研修目的
　　部長以下の全従業員にダイヤルインの外線電話の取り方に慣れてもらい、お客さまから、「共進商事さまですか」と問いかけられることのないようにする。
3．研修の実施
　　⑴　日　　　時　　第1回目　○○月○○日（水）16:30～18:00
　　　　　　　　　　　第2回目　○○月○○日（水）16:30～18:00
　　　　（ノー残業デーの水曜日に業務を30分繰り上げ終了して、2回に分けて実施）
　　⑵　場　　　所　　各回、第1～第3会議室と特別会議室の4部屋
　　⑶　講　　　師　　人事部研修担当のメンバー
　　⑷　研　修　方　法　　ロールプレイング
　　⑸　研修対象者　　部長以下の全従業員
4．研修実施の成果
　　ロールプレイングによって、外線電話への出かたが身につき、外線電話を取ったすべての従業員の第一声は、「はい、共進商事○○部◇◇担当の△△でございます」となる。したがって、電話をかけてきてくださったお客さまから、「共進商事さまですか」と問いかけられることがなくなる。
5．その他
　　研修時使用するロールプレイング用の教材は、人事部研修担当のメンバーが作成する。

以上

企画を立てた背景、企画実施の目的、実施計画、実施の成果を、わかりやすく簡潔にデザインする。

③ **報告書**

業務の状況や調査の結果などを上部に知らせるための文書です。

内容的には，次のようなものがあります。

業務報告書	日常業務に関する状況，問題点などについての報告書 定型的な報告書（日報，週報，月報など） 出張報告書，研修受講報告書など
調査報告書	新規事業計画，進出計画，機器導入計画などに関する調査・検討結果の報告書など
事故報告書	業務中に発生した事故，事件などについての報告書。「営業車の交通事故報告書」など
情報報告書	業務，業界に関連ある情報を入手した場合などにデザインする報告書。「××社の○○（当社の△△との競合品）販売戦略について」など

デザインのポイントを以下に示します。

☑ フォーム化してあるものは，必要箇所に簡潔に記入する。フォーム化していないものは，一般書式でデザインする。一般書式の場合，主文は敬体，別記は常体で書く。フォーム化してあるものは，常体で書く
☑ 事実を正確に客観的に書く
☑ 箇条書きを活用して，簡潔に書く
☑ 提出期限を守る

営業日報

時刻	所在地	訪問先	面接者	用件および交渉過程	見込	備考
				所属　営業部　　◎◯◯◯年◯◯月◯◯日 氏名　石田 祐二	取締役　部長　リーダー　管理	
10:00	渋谷区	東都産業（株）	総務部 石田 忠生	友人の紹介で訪問。UX-7の導入を検討したいとのこと 次回訪問時に提案書と見積書を持参	成約見込み9割	次回訪問予定 ◯◯/◯◯ （◯）13:30
11:10	渋谷区	東日本商事（株）	管理部 大川 清美	次回、担当部長と面会予定。UX-5の貸出決定の可能性大	成約見込み7割	次回訪問予定 ◯◯/◯◯ （◯）16:00
13:10	新宿区	クドウ印刷（株）	常務 三國 洋一	UX-7に関心を示した	成約見込み ほぼゼロ	
14:00	新宿区	ミクニ商会（株）		担当者が外出中とのことで、名刺とカタログを置いてきた 現在、YZ-5が導入されている		明日 09:30 にTELを入れる
15:00	豊島区	トキワ商事（株）	専務 磯田 美樹	訪問3回目。YZ-3からUX-5へ切り替えを検討中 ◯◯/◯◯（◯）〜◯◯（◯）UX-5の貸出決定	貸出中の使用で、従業員の満足度が高ければ、成約見込み9割	貸出機購入を担当の◯◯さんに連絡済
16:00	豊島区	プリントショップ ユーアイ	社長 木下 真依子	UX-7を導入したいが、YZ-5を導入して1年未満なので、切り替えはしばらくしないとのこと	成約見込み 現時点では、ゼロ	

明日の予定
AM　ミクニ商会他へTEL、トキワ商事UX-5貸出申請書作成、東都産業の提案書と見積書作成
PM　営業活動（クスダ商会、三笠物産、マキタ産業）

連絡事項
◯◯/◯◯（◯）13:30の東都産業訪問に、部長の同行をお願いしたいと思いますが、ご都合はいかがでしょうか

書式にしたがって、簡潔にわかりやすく記す。
客先への到着時間を記入させることにより、自己管理を促す。
上司が日報を見れば営業活動をほぼ把握できるように、「用件および交渉過程」、「見込み」を書かせている。

第4章　社内文書のデザイン

受講報告書

◎◎◎◎年◎◎月◎◎日

受　講　報　告　書

所属・氏名：　営業部　大川　雅己

講　座　名	新入社員基礎コース
期　　　間	◎◎月◎◎日（◎）〜◎◎月◎◎日（◎）09:30〜17:00
主　催　者	経営経済研究所
講　　　師	経営経済研究所主任講師　今川　恭一　先生
会　　　場	経営経済研究所　第3セミナールーム
受　講　者	各企業の新入社員20名
スケジュール	別紙スケジュール表添付

<u>受講内容</u>

1．社会人としての心がまえ、組織のなかでの自己のあり方（役割、協力など）を講義、グループ討議、ゲームトレーニングで学ぶ。
2．ポスチャーデザインのある立ち居振る舞い、話し方、電話応対業務をロールプレイングによって身につける。
3．仕事の進め方、指示の受け方・報告のしかたをケーススタディ、ロールプレイングで実践的に学ぶ。

<u>所　　感</u>

1．仕事をしていく上での基本を具体的かつ実践的に学ぶことができた。
2．組織のなかでの自己のあり方を実感としてつかむことができた。
3．研修スケジュールが進行していくにつれて、より積極的に研修に取り組めるようになった。この貴重な経験を活かして仕事に取り組んでいく所存である。
4．3日間の合宿研修は、若干つらい面もあったが、良い経験だった。

> 受講報告書の所感には、研修で何を学び、何が身についたのかを具体的に記す。所感「3.」には、なぜ積極的に取り組めるようになったのか、「4.」には、なぜ良い経験だったのか、が書かれていることが望ましい。

➡上記の文書をリデザインした文書は、ウェブサイトからダウンロードの上参照してください。リデザインのポイントは以下の通りです。

〈リデザインのポイント〉
所感には、研修で何を学び、何が身についたのかが具体的に記されている。所感「3.」には、積極的に取り組めるようになってきた過程が、「4.」には、学生から社会人になるための良い経験だったことが書かれている。

④ 届　書

　就業規則などで定められた事項について，従業員が会社に提出するための文書です。届出用紙の多くは，フォーム化されています。

　デザインのポイントを以下に示します。

- ☑ フォーム化されているものは，記入欄に必要事項を正確にモレなく書く
- ☑ 添付書類が必要な場合は，必ず添付する
- ☑ 事前に届け出ることが定められている届出書だが，突発的事由などでそれができなかった場合は，事後にすみやかに届け出る。この場合，何らかの方法（電話，FAX，メールなど）で，連絡を入れておく

育児休業申請書

育 児 休 業 申 請 書

○○○○年○○月○○日

総務部長　殿

所　属：　人事部研修チーム
氏　名：　杉浦 和子　㊞

私は、下記のとおり育児休業の申請をいたします。

1. 育児休業の対象となる子の状況	氏　　　　名		
	生　年　月　日		
	本人との続柄		
	養子の場合縁組成立年月日		
2. その他の子の状況	自分で養育していない1歳未満の子　　　　　　　　　　　　　　　　　有　その子の氏名（　　　　　　　　　　　　）　　　　　　生　年　月　日（　　　　　　　　　　　　）　　　　　　本人との続柄（　　　　　　　　　　　　）　　　　無		備考
3. 1の子が生まれていない場合の出産者の状況	氏　　　　名　　杉浦 和子　　　　　　　　　　　　　　出産予定日　　○○○○年○○月○○日（○）　　　　　　本人との続柄　　本人		
4. 育児休業の期間	○○○○年○○月○○日（○）から　　　　　　　　　　　　○○○○年○○月○○日（○）まで	備考	
5. 申請に関する状況	育児休業開始予定日の1ヵ月前に申請して　　　　　　　　　　　　☑い　る　　その理由　初めての子のため、育児に不安もある。したがって、育児　　　　　　　　　　　　　　　　　　　　　休業を使用できる期間は育児に専念したいので。　　　　　　　　　　　　□いない　　1と同じ子について育児休業の申請を撤回したことが　　　　　　　　　　　　　　　　　　　　　　　　□な　い　　再度申出の理由　　　□あ　る　　　1と同じ子に育児休業をしたことが　　　□な　い　　再度休業の理由　　　□あ　る		
6. その他			

取締役人事担当	人事部長	部　長	リーダー

☞ 申請書の記入箇所に正確にモレなく書く。
　　該当項目の理由は，明確，簡潔に記入する。

学歴変更届

人　事　部			所　属	
取締役	部　長	マネージャー	部　長	マネージャー

学　歴　変　更　届

〇〇〇〇年〇〇月〇〇日

取締役人事部長　殿

所　属：　広報部社内報チーム

氏　名：　五十嵐　佐和子㊞

　下記のとおり、学歴に変更がありましたので、就業規則第〇〇条にしたがい、お届けいたします。

既往の学歴	〇〇大学〇〇学部〇〇学科				
新　学　歴	卒業年月日	〇〇〇〇　年	〇〇　月	〇〇　日	
	卒業学校名	〇〇大学大学院〇〇課〇〇専攻修士課程			

※ 卒業証明書を添付すること

人事部使用欄	

記入箇所に正確に書く。
証明書の添付を忘れないようにする。

第4章　社内文書のデザイン

(3) 記録文書

議事録，記録書，各種記録，統計データを取り上げます。

① 議事録，記録書

　会議や部門内などの打ち合わせでの発言，経過，決定事項を記録しておくための文書です。会議や打ち合わせの前に，議題，趣旨，出席メンバーなどを確認して記しておきます。会議中や打ち合わせ中の記録は，多くの企業がノートパソコンで書いています。重要な会議では，ICレコーダーで録音もしておきます。

　打ち合わせの場合は，議事録ではなく，記録書としている企業もあります。フォーム化されたものを使用することもあります。

　会議，打ち合わせの記録を残しておく目的は，次のいずれかです。

- ☑ 審議事項，打ち合わせ事項の結果を明記しておき，出席者，担当部門で必要に応じて残しておくため
- ☑ 決定事項に誤りがないかを確認するため
- ☑ 連続性のある会議，打ち合わせは，その結果や決定事項など，進行状況を明記しておくため，懸案事項を継続していくため
- ☑ 欠席者や関係者に，結果や経過を知らせるため
- ☑ 後日の参考資料にするため

　デザインのポイントを以下に示します。

- ☑ フォーム化したものを使用する場合は，その書式に従って書く
- ☑ 記録しておく内容（日時，場所，出席者，議事経過や結果，懸案事項，記録者など）を正確に書く
- ☑ デザイン後，開催責任者に記録内容の確認を依頼する
- ☑ 配付資料は議事録に添付しておく

内勤女性社員の制服検討メンバー打合せ会記録

内勤女性社員の制服検討メンバー打合せ会記録（初回）

〇〇〇〇年〇〇月〇〇日

1. 日　　時　　〇〇月〇〇日（〇）12：15〜12：50
2. 場　　所　　本社5階小会議室
3. メンバー　　奥田（社長室）、石田（総務部）、菊池（人事部）、宇田川（経理部）、
　　　　　　　三宅（広報部）、井原（企画室）、木原（営業推進本部）
4. 決定事項　　① 内勤女性の制服の是非を問うアンケートの作成と実施
　　　　　　　　石田さんと菊池さんで、アンケート（案）を作成し、全メンバーにメールの添付
　　　　　　　　ファイルで送信（送信日：〇〇月〇〇日（〇）、送信者：石田さん）
　　　　　　② メンバーは、アンケート（案）に直接コメントを書き入れ、石田さん宛にメールで
　　　　　　　　送信（送信期限：〇〇月〇〇日（〇））
　　　　　　③ メンバーのコメントを踏まえて、石田さんと菊池さんでアンケート（修正案）を
　　　　　　　　作成、第2回目打ち合わせ会で配付する。それをもとに意見交換し、アンケートを
　　　　　　　　完成させる
　　　　　　④ 第2回打ち合わせ会開催日は、〇〇月〇〇日（〇）16：30〜17：30
　　　　　　　　場所は奥田さんが本日中にメールで連絡

以上

記録者（木原）

決定事項のみを記した記録書である。
決定事項は，箇条書きが基本である。

第4章　社内文書のデザイン

会議議事録

会議議事録

会議名：	○○月度東日本地区営業本部会議	開催日時	○○月○○日（○）	○○：○○ から ○○：○○ まで	
出席者	伊藤取締役営業本部長、畑中営業部長、 水越営業部長代理、山田札幌支店長、 石上仙台支店長、水野関東支店長、 幸田東京支店長、本多		主催	取締役営業本部長	
			場所	本社5階第2会議室	
議題	新製品VYシリーズの販売促進について				
会議の目的	東日本地区で展開する販売促進計画に関する説明と地区別販売促進計画（案）の検討				
経過 決定	1. 東日本地区で展開する販売促進計画に関する説明 　先月度の会議での配付資料をもとに、畑中営業部長から説明がなされた（先月度会議議事録に資料を添付のため、説明内容の記載は省略）。 2. 地区別販売促進計画（案）の検討 　東日本地区で展開する販売促進計画をもとに作成された各地区の販売促進計画書（案）が配付された後、各地区の支店長から販売促進計画（案）の説明がなされた。 　それに対し、伊藤取締役営業本部長と畑中営業部長からは、各支店長にいくつかの質問がなされた。それを踏まえて、各地区の販売促進計画（案）は修正され、以下のとおり、各地区の販売促進計画が決定された。 3. 地区別販売促進計画 　北海道地区 　　○○月○○日（○）～○○月○○日（○）に、VYシリーズ発売記念フェアを開催。フェア時のアンケートから、購入見込み度が高いと思われるフェア入場企業に、VYシリーズお試し作戦を各営業所が中心となって実施。 　東北地区 　　本社企画のテレビCMとインターネット広告の画像を入れたDMを作成し、各営業所によるDM作戦。DM送付先に電話と訪問による営業。 　関東地区 　　新聞の全面広告日○○月○○日に、VYシリーズ展示説明会を実施し、入場者にシャープペン付アンケートを実施。アンケート回収企業に訪問営業。 　東京地区 　　○○月○○日（○）～○○月○○日（○）に、本社営業部との共同企画によるVYシリーズ発売記念フェアを実施。フェアでは、テレビCMとインターネット広告の画像を取り込んだプレゼンテーション資料を使用する。 　　フェア時のアンケートを分析し、見込み度が高いと判断した企業に営業所が中心となり、電話と訪問による営業。訪問営業では、CMとインターネット広告の画像を取り込んだプレゼンテーション資料を活かす。 配付資料　　4地区の地区別販売促進計画書（案） 　　　　　　　　　　　　　　　　　　　　　　　　　　　　　　　　　　　　以上 　　　　　　　　　　　　　　　　　　　　　　　　　　記録者（　本多　）				

> フォーム化されているので、常体、箇条書きを基本とする。
> 経過、決定事項は、簡潔に、わかりやすく記す。

② **各種記録，統計データ**

人事関係，営業関係，経理関係などの記録を残しておくための文書です。ほとんどのものがフォーム化されています。

内容的には，従業員の人事記録に関するデータ，総務・福利厚生に関するデータ，営業・販売関係に関するデータ，経理関係に関するデータなどがあります。

デザインのポイントを以下に示します。

☑ ほとんどのものがフォーム化されているので，記入欄に必要事項を正確にきちんと書く

現金・預金　日計表

現　金・預　金・日　計　表　（　〇〇〇〇年　〇月度）												
	現　金			（　ABC　）銀行(普通預金)			（　ユービ　）銀行(当座預金)			（　阿蘇　）銀行(当座預金)		
繰越	入金	出金	残高	入金	出金	残高	入金	出金	残高	入金	出金	残高
			8,200,542			20,000,819			18,120,800			5,815,967
1	10,989,857	18,698,355	492,044	25,640,000	24,597,580	21,043,239	34,568,960	3,5468,460	17,223,300	9,879,840	10,040,580	5,655,227
2	8,524,950	5,384,506	3,632,488	5,894,760	8,314,500	18,623,499	7,564,300	9,583,300	15,202,100	6,512,300	8,430,000	3,737,527
3												
4												
5												
6												
7												
8												
9												
10												
11												
12												
13												
14												
15												
16												
17												
18												
19												
20												
21												
22												
23												
24												
25												
26												
27												
28												
29												
30												
31												
合計												

現金，預金の日々のトータルの動きを記入する。

第4章　社内文書のデザイン

慶弔贈答品管理表

慶弔贈答品管理表　（〇〇〇〇 年 上 期　システム 部）

月／日	贈答先	贈答理由	贈答品	金額	備考
〇／〇〇	トキワ物産(株)	人事部、山下部長の取締役就任	ギフト券	〇〇,〇〇〇	
〇／〇〇	東都商事(株)	加山常勤監査役の通夜	香典（〇〇,〇〇〇）、供花（〇〇,〇〇〇）	〇〇,〇〇〇	
〇／〇〇	泉産業(株)	営業部、大石マネージャーの大阪支店長栄転	ギフト券	〇,〇〇〇	
／					
／					
／					
／					
／					
／					
／					
／					
／					
／					
／					
／					
／					
／					
／					
／					
／					
／					

慶弔取り扱い申し合わせ事項などに基づいて，得意先などに対し，相応の金品を送るが，その内容を発生順に記していく。

第5章 社外文書のデザイン

　社外文書においても紙ベースの文書の座をメールが奪っている感があります。第3章4節「社外メール」でも述べましたが，メールにするか紙ベースの文書にするかは，受信者の立場で判断したいと思います。第3章4節では，筆者がメールではなく，紙ベースをお勧めしている文書も示してあります。参考にしてください。

　企業間のコミュニケーション手段である社外文書についてみていきましょう。

1．デザインのポイント

　ビジネスの場で送受信される文書ですので，社外文書においても，第4章1節で記したデザインのポイントは重要です。しかし，社内文書のように挨拶抜きでデザインされることはまれです。儀礼性を重んじるため，適切な「挨拶」と「敬語」とが求められます。

　企業の維持・発展を担っている社外文書は，「頭語」から「結語」に至るまでの文書の構成を踏まえて，組織の意向が正確に伝わるようにデザインしなければなりません。

　第4章1節で記したデザインのポイント(1)〜(4)をふまえますが，社内文書以上に注意を払う必要があったり，社内文書とは異なったりしますので，再度押さえておきます。その上で，さらにみておきたいデザインのポイントを示します。

(1) 一文書一件主義

一文書一件主義でデザインする点は、社外文書も社内文書と同様です。社外文書には、件名をつけない文書もありますので、一文書に2つの用件を書くことのないように気をつけしましょう。「お礼状に頼みごとを書きますか。ふつうは書きませんよね」と、ひとり言のように問いかけられたことがあります。

> **コラム 5-1**
>
> **上司のお礼状に私的事項を書き添えた秘書**
>
> 　某企業での話です。代表取締役（以下、代表）のお礼状に、代表がチェック後、手書きで私的事項を書き添えた入社半年強の秘書がいました。代表は、このことを知る由もありません。
>
> 　それから1ヵ月ほど経ってから、代表との面談のため、その文書の受信者が来社しました。面談の中で、「最近のお嬢さんは、積極的ですね」という発言がありました。代表は何を言われているのかわからないまま、「私どもの社員に何か問題がございましたら、この場で、その社員に成り代わってお詫び申し上げます」と、頭を下げました。
>
> 　「たいしたことではありませんよ。社長からいただいたお礼状に、『先日はとても楽しかったので、またご一緒させてください。秘書の○○○○』と可愛い文字で書いてありました」。チェック後のお礼状に秘書が一文、書き添えていたことを代表が知った瞬間でした。
>
> 　面談後、その秘書を呼び、「○○社長宛のお礼状に、一筆書き添えたようだが、なぜかね」と問いただしました。「この間ご一緒して、とても楽しかったので、また連れて行っていただきたいと思ったからです。いけませんか」。悪びれることもなく、秘書は答えたそうです。
>
> 　間違っても、このようなビジネス・パーソンにならないように、心して業務に取り組みましょう。

(2) 情報を正確に表現

社内文書と同様ですが、社内文書以上に注意を払いましょう。受信側の企業と発信側の企業との間で問題が生じるようなことは避けなければなりません。

したがって，情報が不正確であったり，表現が曖昧であったり，事実と推測が混在していたりする文書をデザインすることないように細心の注意を払いましょう。

(3) 簡潔でわかりやすく印象の良い文書

受信者の立場で，表記，表現などにも気を配り，訴求効果のある簡潔でわかりやすい文書をスピーディにデザインするという点は，社内文書と同じです。

しかし，適切な挨拶と敬語とが求められている点では，社内文書以上の丁寧さが必要となります。文書にも，会社の品位と品格が問われます。個人的な感情や私的事項を入れてはいけません（**コラム５－１**参照）。

(4) 5W2Hと箇条書きの活用

社内文書と同様，5W2Hと箇条書き（第４章１節(4)「5W2Hと箇条書きの活用」参照）は欠かせませんが，箇条書きを用いない文書もあります。

２．書　式

取引文書と社交文書との書式を示しておきます。

図表5−1　取引文書の書式

```
                                            ①_____
                                            ②_____

        _____  ③
        □_____]
                                        ④[_____
                                          □_____
←
                        ⑤_____
        ⑥-ア□⑥-イ_____。
        □⑥-ウ_____
        □_____。
        □⑥-エ_____。
                                            ⑥-オ
←
                        ⑥-カ
        □1._____
        □2._____
        □3._____
←
        □□⑦_____
        □_____。
←
        □□⑧    1._____
                2._____
←
        □□⑨    _____
                                        ⑩_____
←
                                ⑪_____　_____
                                            (　　　)
```

注1：□は全角スペースである。
注2：← は1行空行である。

① 文書番号（発信番号）

文書番号をどのように記すかは，文書管理規程に書いてあります（第4章2節「図表4−3」参照）。社交文書では，基本的に文書番号はつけません。

② 発信年月日

　必ず記します。文書作成日ではなく発信日です。間違えないようにしましょう。

③ 受信者名

　住所を記すことは，ほとんどありません（除：窓付き封筒使用の場合），部門宛であれば，「トキワ商事株式会社　経理部　御中」と記します。個人宛であれば，「トキワ商事株式会社　経理部　大原　祐子　様」，「トキワ商事株式会社　経理部長　三國　文夫　様」というように記します。

④ 発信者名

　「株式会社ユサ商会　経理部　氏家　功」，「株式会社ユサ商会　経理部長　吉井　亜希」，「株式会社ユサ商会　経理部㊞」というように記します。

　発信者の認印を押印することを文書管理規程で定められている場合は，個人名を記した場合でも認印を押印します。

⑤ 件　名

　件名をみれば，その文書の内容がわかるように具体的かつ簡潔にデザインします（第4章2節⑤「件名」参照）。社交文書の多くは，件名がついていません。

⑥ 本　文

ア　頭　語

　社外文書の書き出しのことばです（第7章1節(1)「頭語と結語」参照）。

イ　前　文

　時候の挨拶，安否の挨拶，感謝の挨拶を記します（第7章1節(2)「時候の挨拶」，(3)「安否の挨拶」，(4)「感謝の挨拶」参照）。すべての挨拶を記すとは限りません。

ウ　主　文

　主文起辞（第7章1節(5)「主文起辞」参照）を受けて，主文に入ります。

第5章　社外文書のデザイン

図表5-2 社交文書の書式（横書き）

```
            _____
           □_____  ③
                      ]
←
                   ⑤
     ⑥-ア□⑥-イ_____。
     □⑥-ウ_____
     _____。
     □_____
     _____。
     □⑥-エ_____。
                                         ⑥-オ
←
     □□②_____

                              ④ ┌ _____
                                 └ □_____

                   ⑥-カ
     □1._____
     □2._____
     □3._____
←
     □□⑦_____
     □_____。
                                    ⑩_____
```

注1：□は全角スペースである。
注2：← は1行空行である。

エ　末　文

　　文書を締めくくる挨拶です（第7章1節(7)「末文」参照）

オ　結　語

　　社外文書の結びのことばです（第7章1節(1)「頭語と結語」参照）。

カ　別記（記書き）

　　主文中の「下記」を受け，「記」と中央に頭書きをし，次行から書きます。原則として箇条書きにします。

図表5-3 社交文書の書式（縦書き）

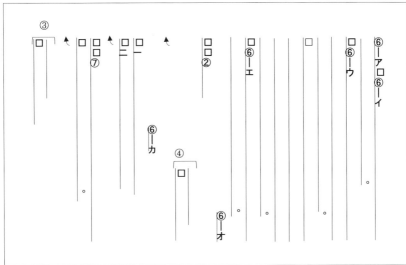

注1：□は全角スペースである。
注2：↰は1行空行である。

図表5-4 社交文書の書式（カード形式）

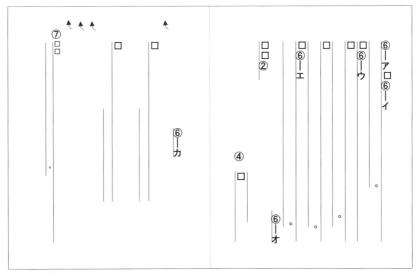

注1：□は全角スペースである。
注2：↰は1行空行である。

⑦　追記（おって書き）

　主文に関係ある事項（参考事項，注に関する事項など）を書きます。「なお」や「おって」で書き出します。

⑧　同封物（添付資料）

　本文と関係のある資料，データを添える場合は，その名称を書きます。2種類以上あるときは，番号をつけて列記します。

　この場合，添付書類にも同じ番号をつけます。添付する部数も記載します（第4章2節「図表4－7」参照）。

⑨　写し送付先

　文書を受信者以外の関係者に送付する場合は，同文の写しを作成し送付します。写しの送付先を明記します。

　メールのCCのように「受信者名」の下にデザインする書式もあります（第4章2節「図表4－8」参照）。

⑩　完結の表示

　「以上」で締めくくります。省かれている文書もあります。

⑪　担当者

　問い合わせなどに対応するために担当者を明記しておきます。基本的には，苗字と電話番号です（メールアドレスも明記している文書も見受けられる）。電話番号の明記は企業の電話方式によります。

3．文　例

　序章4節「図表序－2」で挙げた文書について，デザインのポイントを述べ，文例を提示しています。リデザイン（redesign：より良い文書への修正）をお勧めしたい文例は，その点を記しました。

　リデザイン文書は，社内文書同様ウェブサイトからのダウンロード形式に

なっています。したがいまして，本書を手にしてくださった皆さまは，社内文書同様リデザイン文書をお考えいただきました上で，ウェブサイトからダウンロードなさってみてはいかがでしょうか。

前出の「図表5-1から5-4まで」とは異なる書式の文例もあります。企業によっては，従来の書式にこだわらない独自の書式を定めています。そのような書式も文例には一部反映させています。

なお，明記がない場合は，文例の用紙サイズはA4です。

本節は，杉田（1994），同（1995），同（2002）の文例，筆者の収集した文例を参照しています。

(1) 取引文書

ビジネスに直接結びつく文書です。その内容は，取引の成否に，企業の業績に，影響を及ぼします。

① 通知状

取引先などに対して，一方的にこちらの事情や決定事項などを知らせ，認識してもらうための文書です。

内容的には，業務関係の通知，変更関係の通知，移転関係の通知などがあります。本社の移転などは，儀礼的要素を高めた挨拶状のほうが望ましいでしょう。

デザインのポイントを以下に示します。

- ☑ 通知内容を正確，簡潔，的確，明確に書く。数量，金額，日時，場所などは，間違えないように気をつける
- ☑ 主な通知事項を簡潔に書き，「記」書きで内容を説明する
- ☑ 発信者側の都合で一方的に通知する文書であるから，ていねいな表現を心がける

資料送付のご案内 (A5)

資料送付のご案内

　日頃から格別のお引き立てを賜り誠にありがとうございます。
　さて早速でございますが、○○様にお勧めいたします商品のリーフレットをお送り申し上げます。
　○○○○のご参考になりましたら、幸いでございます。
　なお、ご不明な点がございましたら、どうぞお気軽にスター株式会社○○○支店の大内までお問い合わせください。

　ご検討のほど、よろしくお願い申し上げます。

スター株式会社五反田支店
TEL　03－3495－5555

大内　郁美

A5サイズの資料送付の通知状である。パソコンでデザインし、担当者名は手書き、認印を押印している。
頭語、結語はなく、メール的な挨拶になっている。このような送付状的通知状を目にする機会が増えている。

12月の支払日変更のご通知

経○○○○○○
◎◎○○年○○月○○日

取引先 各位

キトー商事株式会社

経理部長　塚田　早紀

12月の支払日変更のご通知

拝啓　時下ますますご清栄のこととお喜び申し上げます。平素は格別のお引き立てを賜り厚くお礼申し上げます。

　さて、年末年始休暇の関係で、12月の支払日は、12月25日（○）に変更させていただくことになりました。

　何とぞ、ご了承くださいますようお願い申し上げます。

敬具

　なお、ご不明な点などがございましたら、○○までご連絡くださいますようお願い申し上げます。

担当　経理課　○○
（○○○○－○○○○）

件名に、「支払日変更」とあるので、変更されるのは支払日であることはわかる。しかし、このような場合、11月の締切日にも言及しておくとよい（支払日が変更になると、締切日も変更になるのではと気をまわす人もいるので）。
したがって、11月上旬に受信者に届くことが望ましい。

➡ 上記の文書をリデザインした文書は、ウェブサイトからダウンロードの上参照してください。リデザインのポイントは以下の通りです。

〈リデザインのポイント〉
11月の締切日に言及し、12月の支払日のみが5日繰り上がる旨も記している。

② **依頼状**

　何らかのお願いをするための文書です。相手の厚意に訴え，助力を仰ぐという姿勢で書きましょう。

　送付の依頼，変更の依頼，調査の依頼，見学の依頼など，発信者側の利益に資する依頼もあれば，見積もりの依頼，原稿・講演の依頼など，受信者側にも利益をもたらす依頼もあります。

　いずれの場合も，礼を尽くして，相手の心をとらえることが大切です。依頼された相手は，何らかの返事をしなければならないので，返信用封筒（切手貼付）を同封するなどの配慮も忘れないようにしましょう。

　依頼に対する返事を受け取ったら，諾否にかかわらず，礼を述べるといった心づかいが大切です。

　比較的簡単な依頼の場合，電話やメールで済ませることもあります。しかし，相手に手間や時間をとらせる依頼をするときは，文書を出したほうがよいでしょう。

　相手の時間を長く拘束するような依頼は，時間的余裕をもって発信します。

　デザインのポイントを以下に示します。

- ☑ 依頼の目的を明確にし，依頼内容（箇条書きを活用）を具体的に簡潔かつわかりやすく書く
- ☑ 相手が依頼内容に応じようという気持ちになる説得力があり，押しつけにならない表現を工夫する
- ☑ 用語，文面に十分な注意を払い，礼を尽くして，ていねいに書く
- ☑ 依頼内容によっては，返事を早急にもらえるようにお願いする

必要書類ご提出のお願い （A4の1/3）

お客さまへ

エトワール貴金属株式会社

必要書類ご提出のお願い

日ごろは格別のお引き立てを賜り、厚くお礼申し上げます。

さて、早速でございますが、お取引、お手続き等に必要となります書類を同封させていただきましたので、誠に恐縮ではございますが、ご記入ご捺印の上、ご返送くださいますようお願い申し上げます。

　口座振替依頼書　　　　1部
　返信用封筒　　　　　　1枚

（担当者：　大澤　）

A4縦の長さ1/3サイズの依頼状である。
依頼状は印刷されたものであり、同封書類と担当者名は手書きである。
頭語、結語はなく、メール的な挨拶になっている。
このような送付状的依頼状を目にする機会が増えている。

第5章　社外文書のデザイン

支払期日延期のお願い

経〇〇〇〇〇〇
◎◎〇〇年〇〇月〇〇日

エーコー産業株式会社

　経理部長　小松　貞義　様

東亜商事株式会社

経理部長　藤木　肇

支払期日延期のお願い

拝啓　時下ますますご清栄のこととお喜び申し上げます。平素は格別のご高配を賜り厚くお礼申し上げます。

　さて、突然のお願いで恐縮でございますが、〇〇月度分の買掛金のお支払いにつきまして、〇〇月〇〇日（〇）の決済を〇〇月〇〇日（〇）まで延ばしていただけませんでしょうか。

　すでにお聞き及びのこととは存じますが、当社の大口取引先の〇〇〇〇株式会社が先月倒産いたしました。

　つきましては、はなはだ勝手ではございますが、このたびのお支払延期を、曲げてお聴き届けくださいますようお願い申し上げます。

　取り急ぎ、お詫びかたがたお願い申し上げます。

敬具

支払い延期は，支払われる側の資金繰りにも影響を及ぼすことになる。支払いの可能性にも言及しておく必要がある。

➡ 上記の文書をリデザインした文書は，ウェブサイトからダウンロードの上参照してください。リデザインのポイントは以下の通りです。

〈リデザインのポイント〉
支払いの可能性に言及した。

③ **申込状**

　種々の取引（新規取引の申し込み，代理店・特約店の申し込み，団体・組合の加入申し込み，参加・出店の申し込みなど）に関して，こちらの意思を伝え，相手の意思（同意）を求めるための文書です。

　申し込みの事実などが後日問題になることもあります。文書の「控え」は必ずとっておきます。

　新規取引の申し込みなどは，相手がこちらに関して知らないことも多いので，会社の経歴書や事業報告書を同封します。

　デザインのポイントを以下に示します。

☑ 申し込みの意思を依頼の気持ちで，謙虚に表現し，簡潔明瞭に書く
☑ 説得力のある表現で，具体的に申し込み理由を述べる
☑ 申し込み条件があれば，明示しておく

貴宝飾品販売協同組合への入会申し込み

経企○○○○○○
◎◎○○年○○月○○日

宝飾品販売協同組合
　理事長　岡田　麻耶　様

　　　　　　　　　　　　　　　　　株式会社　ジュン商会
　　　　　　　　　　　　　　　　　　代表取締役　伊尾木　純

<u>貴宝飾品販売協同組合への入会申し込み</u>

拝啓　貴組合ますますご発展のこととお喜び申し上げます。

　さて、このたび貴協同組合員でいらっしゃいますユリ宝飾株式会社様と株式会社新宝堂様とからご推薦をいただきましたので、別紙推薦書をそえて貴協同組合への入会の申し込みをいたします。

　当社は、宝飾品の製造販売を手掛けております。設立8年目の若輩集団ではございますが、皆さまのご指導のもとに一日も早く成長し、業界発展のために努力いたす所存でございます。

　ご審査の上、何とぞ入会をご承認くださいますようよろしくお願い申し上げます。

　まずは、貴協同組合入会の申し込みまで。

　　　　　　　　　　　　　　　　　　　　　　　　　　　　　　敬具

　なお、当社のリーフレットを同封いたしますので、ご高覧いただければと存じます。

　　同封書類　　1．推薦書　　　　　2部
　　　　　　　　2．申込書　　　　　1部
　　　　　　　　3．当社リーフレット　1部

　　　　　　　　　　　　　　　　　　　　　　　　　　　　　　以上

協同組合入会の要件（推薦人2名）を満たしての申し込みではあるが，入会希望の意思が伝わるように記す。

貴社〇〇工場見学のお申し込み

　　　　　　　　　　　　　　　　　　　　　　　人〇〇〇〇〇〇
　　　　　　　　　　　　　　　　　　　　　　◎〇〇〇年〇〇月〇〇日

東都産業株式会社
　総務部長　楠田　悠一　様

　　　　　　　　　　　　　　　　　　株式会社 ABC 商会
　　　　　　　　　　　　　　　　　　人事部長　石岡　清二朗

貴社〇〇工場見学のお申し込み

　拝啓　貴社ますますご隆盛のこととお喜び申し上げます。オフィス機器の販売パートナー企業として、格別のお引き立てを賜り厚くお礼申し上げます。
　さて早速でございますが、当社では来年度の<u>新入社員研修の一環として</u>、貴社のオフィス機器製造拠点工場の見学を希望いたしております。
　つきましては、貴社〇〇工場を下記要領で見学させていただきたくお願い申し上げる次第でございます。
　見学をご許可くださいます場合は、日時などをご指示いただければ幸いでございます。
　まずは、書中をもってお願い申し上げます。

　　　　　　　　　　　　　　　　　　　　　　　　　　　敬具

　　　　　　　　　　　　　　記

1．見学時期　　◎〇〇〇年〇〇月上旬～下旬（新入社員研修期間）
　　　　　　　　月曜日～金曜日の貴社ご指定時間
2．見学者　　　◎〇〇〇年度新入社員〇〇名（予定）
3．引率者　　　人事部研修チーム主任　〇〇　〇〇

　　　　　　　　　　　　　　　　　　　　　　　　　　　以上

　　　　　　　　　　　　　　　人事部研修チーム主任　〇〇
　　　　　　　　　　　　　　　（〇〇〇〇－〇〇〇〇）

第5章　社外文書のデザイン

「新入社員研修の一環として」（下線），工場見学を希望する理由を簡潔に書いておくとよい。

➡ 上記の文書をリデザインした文書は，ウェブサイトからダウンロードの上参照してください。リデザインのポイントは以下の通りです。

〈リデザインのポイント〉
新入社員研修で工場見学を希望する理由を簡潔に記した。

④ **注文状**

　商品を購入する，サービスの提供を受けるといった意思を相手に伝えるための文書です。

　電話で済ませることもありますが，できれば文書にしておいたほうがよいでしょう。注文内容は，注文書，発注書といった帳票に記入することも多く，この場合，送付状的な注文状をデザインすることもあります。一般的な送付状を用いることもあります。

　デザインのポイントを以下に示します。

☑ 注文の意思，注文の条件を明確に書く
☑ 注文条件（注文年月日，品名，形状，品質，サイズ，数量，価格，納期，納入場所，納入方法，納入経費，支払条件など）を，明確にモレなく明記する

○○○○○○の注文について

販促○○○○○○
◎◎○○年○○月○○日

クリエイト株式会社
　営業部長　山本　清二　様

ユーシンシステム株式会社
販売促進部長　國枝　香奈子

○○○○○○の注文について

拝啓　貴社ますますご盛栄のこととお喜び申し上げます。

　先日は、ノベルティに関しての相談に乗ってくださいましてありがとうございました。お礼申し上げます。

　さて、そのとき頂戴しましたカタログの中から、標記の商品を別紙注文書のとおり注文いたします。

　ご手配のほどよろしくお願い申し上げます。

敬具

同封書類　注文書　1通

以上

担当　○○
（○○○○－○○○○）

 注文内容は別紙注文書ということで，送付状的注文状である。

次ページの注文書に下記のような一筆箋の送付状が添えられていることもある。

平素は格別のお引き立てを賜り、厚くお礼申し上げます。
さて早速ですが、注文書をお送りいたします。
ご手配のほど、よろしくお願い申し上げます。
　　○○月○○日
　　　　　　　　　イトウ商事株式会社　藤原　公子

（約B5の1/3）

第5章　社外文書のデザイン

注文書

注　文　書

No.○○○○

◎◎○○年○○月○○日

株式会社 アカネ　御中

イトウ商事株式会社

総務部長　藤原 公子

下記のとおり注文いたしますので、よろしくお願い申し上げます。

商品コード	商　品　名	数量	単価	小計
○○○-○○	○○○○○○○	○○	○,○○○	○○○,○○○
○○○-○×	△△△△△△	○○○	○○○	○○○,○○○
○×○-○○	○○○○△△△	○○	○,○○○	○○○,○○○
○○○-××	□□□□□□□	○○	○○,○○○	○○○,○○○
○△△-○○	◇◇◇◇◇◇◇◇	○○	○○,○○○	○○○,○○○
	合　　計			○,○○○,○○○

備考

納　期　　○○月○○日（○）
納入場所　総務部
運賃諸掛　貴社負担
支払条件　○○月末日　貴社指定銀行へ振込み

以上

担当　○○

（○○○○－○○○○）

このような注文書のみが送付されてくることも多い。
前ページに示す担当者の手書きによる一筆箋が添えられていることもある。
A4サイズの送付状に、「注文書　1通」と明記して送られてくることもある（この場合、下余白が1/2強あり、A5サイズで十分というものも多い）。

⑤　照会状

　疑問点や不明点，確認したい事項，詳しく知りたい事項などを問い合わせるための文書です。その意味では，情報収集のための文書といえます。

　内容的には，業務（注文品の未着・品違い，商品価格，請求書の誤計算など）に関する照会，企業の内容や信用度に関する照会，人事に関する照会などがあります。

　回答を受け取ったら，礼を述べることを忘れないようにしましょう。

　デザインのポイントを以下に示します。

☑ 礼を尽くし，丁寧にお願いする
☑ 照会目的，照会理由を明確，簡潔に書く
☑ 照会事項は，箇条書きにする
☑ 同一内容の回答を複数回収する場合で，多くのデータや数字などの回答を求めているならば，回答用紙を添付する。受信者側は回答しやすいし，発信者側は整理しやすい
☑ 回答を得ることが目的であるから，返事がほしい旨を明らかにしておく。回答期限を明記しておく（時間的に余裕があること）
☑ 信用，人事などの照会は秘密に属するので，「親展」とし，責任者宛に出す。照会事項を守秘する旨，書き添える配慮が必要である。受信者側に回答の義務がないので，回答を得られない場合もある
☑ 返信用封筒（切手貼付）を同封する

売掛金残高のご照会

経○○○○○○
◎◎○○年○○月○○日

ユーシン株式会社

　経理部長　吉原　謙吾　様

　　　　　　　　　　　　　　　　三國商事株式会社

　　　　　　　　　　　　　　　　　　経理部長　田口　亜沙美

売掛金残高のご照会

拝啓　貴社ますますご盛栄のこととお喜び申し上げます。毎々格別のお引き立てを賜り厚くお礼申し上げます。

　さて早速ですが、当社では決算のため、お得意様に対しまして、売掛金残高（○○月○○日現在）の確認をお願い申し上げております。

　つきましては、お手数ですが、同封の売掛金明細書と貴社の帳簿とをご照合の上、売掛金残高確認書を○○月○○日（○）までにご返送くださいますようお願い申し上げます。

　なお、何かご不明な点などがございましたら、ご遠慮なくお問い合わせください。

　　　　　　　　　　　　　　　　　　　　　　　　　　　　敬具

　　　同封物　　1．売掛金明細書　　　1部
　　　　　　　　2．売掛金残高確認書　 1部
　　　　　　　　3．返信用封筒　　　　 1枚

　　　　　　　　　　　　　　　　　　　　　　　　　　　　以上

　　　　　　　　　　　　　　　　　　　　　　　　担当　○○
　　　　　　　　　　　　　　　　　　　　　　（○○○○－○○○○）

売掛金残高を照会する理由を記しておく。

数量不足についてのご照会

販推○○○○○○
◎◎○○年○○月○○日

株式会社 ミツワ
　営業部長　湯浅　喜久治　様

トーワクリート株式会社
販売推進部長　水越　喜美代

数量不足についてのご照会

拝啓　日頃より格別のご高配を賜り厚くお礼申し上げます。

　さて、<u>「LEDライトキーホルダー」が、本日着荷いたしました</u>。早速検収しましたところ、10ケース不足しておりました。

　ご発送時の手違いかと存じますが、至急ご確認の上、不足分の10ケースを納入くださいますようお願い申し上げます。

　まずは取り急ぎ、着荷のお知らせと数量不足のご照会まで。

敬具

　なお、貴社のご担当者○○○様には、当社の○○からこの旨ご連絡済でございます。

担当　○○
(○○○○－○○○○)

☞「LEDライトキーホルダーが，本日着荷いたしました」（下線）と記されているが，注文日と注文書No.も記しておくと，受信者側が照会事項に関して調べやすい。

➡ 上記の文書をリデザインした文書は，ウェブサイトからダウンロードの上参照してください。リデザインのポイントは以下の通りです。

〈リデザインのポイント〉
注文日と注文書No.を記した。

⑥　回答状

　問い合わせに対して，返事をするための文書です。照会された事実を調査して，誠意，責任をもって回答します。

　デザインのポイントを以下に示します。

- ☑ 照会内容のポイントに焦点を合わせて，簡潔，明確，丁寧に書く
- ☑ 件名は，元の文書（回答が必要な照会や依頼の文書）と同一にする。元の文書の文書番号，発信日を回答文に明記する。受信者がどの文書に対する回答かすぐわかる（第4章2節「図表4－4」参照）
- ☑ 回答用紙が添付されている場合は，それに記入する
- ☑ 回答期限は厳守する。期限内に回答できない場合は，その旨を連絡しておく
- ☑ 回答内容厳秘の場合は，その旨ひと言書き添えておき，「親展」扱いで出す

売掛金残高のご回答

経○○○○○○
◎◎○○年○○月○○日

三國商事株式会社

　　経理部長　田口　亜沙美　様

　　　　　　　　　　　　　　　　　　　ユーシン株式会社

　　　　　　　　　　　　　　　　　　　　　経理部長　吉原　謙吾

売掛金残高のご回答

　拝復　時下ますますご清栄のこととお喜び申し上げます。平素は格別のお引き立てを賜り厚くお礼申し上げます。

　さて、○○月○○日付貴経○○○○○○にてご照会のありました売掛金残高について、ご回答申し上げます。

　当社の帳簿と照合の結果、貴社の売掛金明細書の記載額どおりであることを確認いたしました。署名捺印しました売掛金残高確認書を本状とともにご送付しますので、ご査収くださいますようお願い申し上げます。

　　　　　　　　　　　　　　　　　　　　　　　　　　　　　　敬具

　　同封書類　　売掛金残高確認書　　　　1部

　　　　　　　　　　　　　　　　　　　　　　　　　　　　　　以上

　　　　　　　　　　　　　　　　　　　　　　　　担当　○○
　　　　　　　　　　　　　　　　　　　　　　（○○○○－○○○○）

第5章　社外文書のデザイン

「売掛金残高のご照会」に対する回答である。受信者側の帳簿と発信者側の売掛金明細書との記載額に相違がない旨を記しておく。

数量不足についてのご回答

営○○○○○○
◎◎○○年○○月○○日

トーワクリート株式会社

　販売推進部長　水越　喜美代　様

株式会社　ミツワ

営業部長　湯浅　喜久治

数量不足についてのご回答

拝復　毎々格別のご愛顧を賜り厚くお礼申し上げます。

　さて、○○月○○日付販推○○○○○○、確かに拝見いたしました。

　早速調査しましたところ、流通センター作業担当者の梱包時のミスであることが判明いたしました。貴社には多大なるご迷惑をおかけいたしまして、誠に申し訳ございませんでした。心からお詫び申し上げます。

　なお、不足分10ケースにつきましては、本日発送いたしましたので、貴着の上は、ご検収くださいますようお願い申し上げます。

　今後はこのような不手際が生じませんよう十分注意いたしますので、変わらぬお引き立てを賜りますようお願い申し上げます。

　まずは、お詫びかたがた発送のご連絡まで。

敬具

　なお、貴社のご担当者○○様には、当社の○○○から本日発送の旨ご連絡済でございます。

担当　○○○
(○○○○－○○○○)

「数量不足についてのご照会」に対する回答である。
注文書，納品書などで事実関係を確認した上で回答する。
調査結果を冷静に述べ，丁重にお詫びをする。不足分を発送した旨を記す。
担当者に電話で連絡済みの場合は，その旨も記しておく。

⑦ 承諾状

　申し入れ事項（依頼，申し込み，注文など）に対して，引き受ける旨の意思表示をするための文書です。ビジネス上の申し入れ事項に承諾の意思を示すことは，契約の発生を意味します。

　したがって，承諾状は「契約書」的な意味をもつことにもなります。後日問題が生じることのないようにデザインします。

　安請け合いが禁物なのはもちろん，全面承諾なのか，一部承諾なのか，条件つき承諾なのか，相互に誤解することのないように文面には細心の注意を払いましょう。

　大事なことは，早く返信することです。相手は返事を待っています。

　デザインのポイントを以下に示します。

- ☑ 相手の依頼，申し込み，注文などに対し，感謝の意を表す（感謝の意を表せない文書もある。Ex.支払延期の依頼など）
- ☑ 全面承諾の場合でも，条件を整理し，列挙しておく（後日，誤解が生じないため）
- ☑ 部分承諾の場合，「承諾する部分」と「承諾しない部分」を明確にし，全面承諾できない理由も示す。条件が整えば，全面承諾する場合は，その条件を明記する
- ☑ 承諾できない場合も，返事（謝絶状）を出す。返事を待っている相手へのビジネス上の配慮である
- ☑ 検討に時間がかかり，返事が遅れる場合は，その旨を連絡しておく

| 支払期日延期のご承諾 |

経○○○○○○
◎◎○○年○○月○○日

東亜商事株式会社

　経理部長　藤木　肇　様

エーコー産業株式会社

　　経理部長　小松　貞義

支払期日延期のご承諾

拝復　時下ますますご清祥のこととお喜び申し上げます。

　○○月○○日付貴経○○○○○○、確かに拝受いたしました。ご依頼のありました支払期日延期の件に関しましては、社内で慎重に検討の末、誠実なお取引をしてくださいます貴社に免じて、今回に限り承諾することにいたしました。

　しかし、○○月度分は金額が大きく、当社といたしましても、今後の資金繰りに一抹の懸念を抱いております。○○月○○日（○）までには、必ずご決済くださいますようお願い申し上げます。

　長年にわたるご愛顧にお応えする当社の微意をおくみいただき、今後ともよろしくお願い申し上げます。

　取り急ぎ、ご返事申し上げます。

敬具

「支払期日延期のお願い」に対する承諾である。
今回限りの承諾であることを明確に記してある。

当社〇〇工場見学のお申し込み（ご承諾）

総〇〇〇〇〇〇
◎◎〇〇年〇〇月〇〇日

株式会社 ABC 商会
　人事部長　石岡　清二朗　様

　　　　　　　　　　　　　　　東都産業株式会社
　　　　　　　　　　　　　　　　総務部長　楠田　悠一

当社〇〇工場見学のお申し込み（ご承諾）

拝復　時下ますますご清栄のこととお喜び申し上げます。当社オフィス機器の販売パートナー企業様として、平素より多大なるご協力を賜り誠にありがとうございます。

　さて、〇〇月〇〇日付貴人〇〇〇〇〇〇〇、確かに拝受いたしました。来年度の新入社員の方々が研修において「製品知識」を深めるために、当社〇〇工場の見学をご希望とのこと、喜んでお引き受けいたします。

　つきましては、下記要領にて工場見学を実施させていただきたいと存じます。
　まずは、工場見学につきましてご承諾申し上げます。

　　　　　　　　　　　　　　　　　　　　　　　　　　　　敬具

　　　　　　　　　　　　　記

1．見 学 日 時　　◎◎〇〇年〇〇月〇〇日（〇）
　　　　　　　　　午前〇〇時から〇〇時まで
2．見学案内役　　工場総務主任　〇〇　〇〇〇〇

　なお、当日は工場正面入口からお入りになり、受付へお越しください。

　　　　　　　　　　　　　　　　　　　　　　　　　　　　以上

　　　　　　　　　　　　　　　　　担当　工場総務主任　〇〇
　　　　　　　　　　　　　　　　　（〇〇〇〇－〇〇〇〇）

第5章　社外文書のデザイン

「貴社〇〇工場見学のお申し込み」に対する承諾である。承諾用件を簡潔，明確に記す。問い合わせなどができるように，担当者を知らせておく。

⑧　**謝絶状（断り状）**

　申し入れ事項（依頼，申し込み，注文など）に対し，断る旨の意思表示をするための文書です。

　申し入れを断るにはそれなりの理由があります。しかし，承諾されることを望んでいる相手の意に反することになります。相手に納得してもらえるように断わる理由をデザインしなければなりません。

　デザインのポイントを以下に示します。

- ☑ 相手の依頼，申し込み，注文などに感謝の意を表す（感謝の意を表せない文書もある。Ex.支払延期の依頼など）
- ☑ 相手の感情をそこなわないように，要望に応じられない旨を詫びる
- ☑ 要望に応じられない理由を，可能な限り納得のいくように説明する。断る理由が相手側の問題であり，どうしても明記できない場合は，漠然と断る
- ☑ 相手の立場を十分理解したことを伝え，相手との関係が切れない（次の機会にも，依頼，申し込み，注文などがある）ように配慮したデザインをする
- ☑ 丁寧な表現，謙虚な表現で書く

支払延期のお断り

経〇〇〇〇〇〇

◎〇〇年〇〇月〇〇日

東亜商事株式会社

　経理部長　藤木　肇　様

エーコー産業株式会社

　経理部長　小松　貞義

支払期日延期のお断り

拝復　時下ますますご清祥のこととお喜び申し上げます。

　〇〇月〇〇日付貴経〇〇〇〇〇〇、確かに拝受いたしました。

　ご協力をいただいております貴社のご要望ですので、何とかおこたえしたいところではございます。しかし、そのための資金的余裕が当社にはございません。

　ご懇請をお断りするのは大変心苦しい限りですが、お支払いの猶予には応じかねるのが実情でございます。何とぞ当社の事情もご理解いただき、既定どおりにご決済くださいますよう伏してお願い申し上げます。

　取り急ぎ、ご返事申し上げます。

敬具

「支払期日延期のお願い」に対するお断りである。
依頼者の意に添えない理由を簡潔、明確、具体的に記している。

当社〇〇工場見学のお申し込み（お断り）

総〇〇〇〇〇〇〇
◎◎〇〇年〇〇月〇〇日

株式会社 ABC 商会
 人事部長 石岡 清二朗 様

東都産業株式会社
総務部長 楠田 悠一

当社〇〇工場見学のお申し込み（お断り）

 拝復 時下ますますご清栄のこととお喜び申し上げます。当社のオフィス機器販売のパートナー企業様として、平素より多大なるご協力を賜り誠にありがとうございます。
 さて、〇〇月〇〇日付貴人〇〇〇〇〇〇〇、確かに拝受いたしました。来年度の新入社員の方々が研修において「製品知識」を深めるために、当社〇〇工場の見学をご希望とのこと、ありがとうございます。
 ところで、結論から申し上げますと、ご希望の期間内は〇〇工場の見学はお受けいたしかねる状況になります。◎◎〇〇年4月から同工場の敷地内に第二工場を建設することが確定しております。建設開始1ヵ月前から落成式前日までは、工場勤務者、本社および取引関係の許可者以外は、工場敷地内への立ち入りが禁止となります。
 事情ご賢察の上、ご了承くださいますようお願い申し上げます。
 まずは、お詫びかたがたご返事申し上げます。

敬具

 なお、一部オフィス機器も製造している工場でもよろしければ、□□工場が見学可能でございます。
  □□工場の見学をご希望される場合は、お手数ですが楠田宛にご一報くださいますようお願い申し上げます。

「貴社〇〇工場見学のお申し込み」に対するお断りである。
見学できない理由を記し、丁重に詫びる。
追記で、一部オフィス機器も製造している□□工場でもよければ見学できるという代替案を示している。

⑨　督促状

　約束事項（契約の義務，債務の履行など）の不履行に対して，履行を促すための文書です。督促をしないでいると，請求権を失ったりすることもあります。督促状は，請求をした証しになります。

　督促者のほうが優位ですが，それをストレートに出すと逆効果になることもあります。相手が約束どおり履行できないということは，何らかの事情があるはずです。その事情を考慮したうえで，相手に行動を促します。

　多くの場合，督促状を出す前に，約束や契約が守られていないことに対して問い合わせをします。それでも，相手が行動を起こさないときは督促状を出します。

　デザインのポイントを以下に示します。

- ☑ 督促の内容を具体的に書く。
  　期日までに履行されなかった事実，督促の原因となる事実（請求，注文等），その事実を申し入れた年月日，文書番号　など
- ☑ 必ず履行してほしいことをはっきりと述べる
- ☑ 相手の感情を害さないよう，文面は，簡潔，ていねいにデザインする
- ☑ 当方も大変困っているという「泣き」を入れ，相手の行動を促す
- ☑ 再三再四の督促にもかかわらず，相手にまったく誠意がない場合は，法的手段を取らざるを得ない旨の文面になる

商品代金支払いについてのご督促

経○○○○○○
◎◎○○年○○月○○日

大和商事株式会社

経理部長　小畑　洋司　様

ミツワ産業株式会社

経理部長　近藤　友美恵

商品代金お支払いについてのご督促

拝啓　日頃より、お引き立てを賜り厚くお礼申し上げます。

　さて、○○月○○日付で、ご注文（ご注文書№○○○○○○）いただきました「電子メモパッド」（12個入り×20箱）につきましては、同月○○日にご発送いたしました。当社に受領証も届いております。

　ところが、本日現在代金お振込みの確認が取れません。

　貴社にもご事情がおありかとは存じますが、当社といたしましてもこれ以上はお待ちいたしかねます。何とぞ至急お支払いくださいますようお願い申し上げます。

敬具

　なお、本状と行き違いに、すでにご入金いただいております場合は、あしからずご容赦ください。

件名が「商品代金支払いのご督促」となっているが，件名に「ご督促」（二重下線）とストレートに記すのは避けたい。
支払期日を明記し，支払日からの経過日数を自覚させ，支払いを促す。

➡上記の文書をリデザインした文書は，ウェブサイトからダウンロードの上参照してください。リデザインのポイントは以下の通りです。

〈リデザインのポイント〉
件名を「商品代金お支払いについてのお願い」とした。
支払期日を明記し，その日を半月余り過ぎているのに何ら連絡もないという事実を示した。

⑩ 抗議状（苦情状）

　不当な行為（迷惑をかけていたり，損害を与えていたりするが，それを放置している場合，重大な過失や不正を犯している場合）に対して，その事実を知らせ，善処を求めるための文書です。

　督促より，さらに強硬な要求であり，「怒り」が表現の中心になりますが，文書の主旨は，善処を促し，問題を解決させることにあります。感情を表面に出すより，静かに相手の非を説くといった態度が必要です。

　抗議の対象となる行為が，過失か，意図的・計画的で悪意のあるものか，よく調べて対処しなければなりません。悪意がある場合は，内容証明による抗議状を送ることもあります。

　デザインのポイントを以下に示します。

- ☑ 「怒り」のもとになっている事実を，冷静に正しく説明し，相手の理性に訴える。相手に反省を促し，具体的な善処を求めるので，感情的・刺激的な表現は避ける
- ☑ 当方が望む具体的解決策をとるよう強く要請する
- ☑ 抗議すべき事態が起きたら，確認してすぐ出す
- ☑ 法的手段を講じる場合があることも見据え，証拠書類として慎重にデザインする

第5章　社外文書のデザイン

┌─────────────────┐
│ 不良品混入について │
└─────────────────┘

営推○○○○○○
◎◎○○年○○月○○日

株式会社　トルーダ

　　商品企画部長　加藤　麻実　様

株式会社　トミー商会
営業推進部長　池内　武史

不良品混入について

前略　○○月○○日付でご注文（注文書№.○○○○○○）の「化粧ポーチ」（100個×5箱）が、本日着荷いたしました。

　早速、検品しましたところ、1箱（100個）中に色むらのある不良品が15個ございました。

　検品が済んでおりません4箱中にも、同様の不良品が混入されているのではないかと存じます。これでは「謝恩セールご来店プレゼント」として、お客さまにお配りするわけにはまいりません。

　貴社をご信頼しての発注ですので、<u>すみやかなご対応策</u>を講じてくださいますようお願い申し上げます。

草々

「すみやかなご対応策」（下線）をいつまでに講じてもらいたいのかを記しておく必要がある。

➡ 上記の文書をリデザインした文書は，ウェブサイトからダウンロードの上参照してください。リデザインのポイントは以下の通りです。

〈リデザインのポイント〉
「すみやかなご対応策」をいつまでに講じてもらいたいのかを記した。

⑪　詫状

　当方にミスや手落ちがあり，相手に損害を与えた場合，相手からの抗議，督促があった場合，お詫びをするための文書です。

　当方にミスや手落ちがあった場合は，陳謝をします。

　当方のミスや手落ちではないが，不測の事態が生じて相手に迷惑や損害をかけてしまうこともあります。また，相手の抗議，督促が一方的で，必ずしもこちらの責任ばかりではないこともあります。このような場合は，お詫びとともに誤解を解くための事情説明（弁解，弁明）をします。

　陳謝の場合は，率直に非を認め，誠意をもって応えます。陳謝は，こちらのミスや手落ちを認める証拠書類，始末書といった役割を果たすことにもなります。そうなると，今後の取引への影響力をもつことも考えられますので，デザインには注意を要します。

　ミスに気づいたら相手からいわれる前に，対処しましょう（電話で陳謝し，すぐに相手方を訪問し，率直に詫びるなどし，文書を出さないで済ませる）。

　デザインのポイントを以下に示します。

- ☑ 弁解がましいことは書かないで，当方のミスや手落ちを率直に認める。二度と繰り返さないように誓い，詫びる
- ☑ 謙虚な態度で，率直にていねいに書く
- ☑ 相手の損害等への償いは，具体的に示す。ただし，できないことは書かない

商品代金お支払いについてのお詫び

経〇〇〇〇〇〇〇
◎〇〇〇年〇〇月〇〇日

ミツワ産業株式会社
　経理部長　近藤　友美恵　様

大和商事株式会社
経理部長　小畑　洋司

商品代金お支払いについてのお詫び

拝復　日頃より、格別なるご高配を賜り厚くお礼申し上げます。

　さて、本日貴経〇〇〇〇〇〇にて、「電子メモパッド」（12個入り×20箱）の代金が未払いとのご連絡をいただきました。

　早速調べましたところ、経理担当者の処理にミスがあったためと判明いたしました。多大なるご迷惑をおかけいたしましたこと、深くお詫び申し上げます。

　未払い代金につきましては、<u>貴社口座へ本日ご送金いたしました</u>ので、ご確認いただければと存じます。

　今後は、このような失態のないよう十分注意いたしますので、今回に限りご寛容のほどお願い申し上げます。

　まずは取り急ぎ、お詫びかたがたお願い申し上げます。

敬具

「商品代金お支払いについてのお願い」に対する詫状である。
未払いの連絡を受けたことに対して、申し訳ないといった一文がほしい。
また、「貴社口座へ本日ご送金いたしました」（下線）に、銀行名と支店名を記しておくとよい。

➡ 上記の文書をリデザインした文書は、ウェブサイトからダウンロードの上参照してください。リデザインのポイントは以下の通りです。

〈リデザインのポイント〉
未払いの連絡を受けたことに対して、「申し訳ない」という一文を記した。
送金した銀行名と支店名を記した。

弁解の場合は，抗議，督促に対し，その事情を説明し，納得してもらい，誤解を解きます。抗議，督促を持ち込まざるを得なかった相手の立場に立ち，冷静に対処しましょう。

　デザインのポイントを以下に示します。

- ☑ 弁解がましいといった印象を与えないために，まず詫びる姿勢を取る
- ☑ 相手に理解してもらい，誤解を解くために，事実をおだやかに客観的に述べる

不良品混入について

商企○○○○○○
◎◎○○年○○月○○日

株式会社 トミー商会
　営業推進部長　池内 武史　様

株式会社 トルーダ
商品企画部長　加藤 麻実

不良品混入について

　拝復　時下ますますご清栄のこととお喜び申し上げます。毎々格別のご愛顧を賜り厚くお礼申し上げます。

　○○月○○日付貴営推○○○○○○、確かに拝見いたしました。

　さて、このたびご注文くださいました「化粧ポーチ」は、見本をご覧の折に説明いたしましたように、淡いぼかし模様が特徴でございます。それが色むらのようにも見えるため、お気に召さない方もいらっしゃいます。この点につきましても、その折に申し上げております。

　化粧ポーチの特徴やお客さまの見解もご承知の上でのご注文ですので、このようなお申し出は遺憾に存じます。

　納品済みの「化粧ポーチ」は、お客さまへお配りできないということでしたら、他の商品との交換には今回に限り応じることにいたします。ご検討の上、○○月○○日（○）までにご連絡くださいますようお願い申し上げます。

　今後は、このようなお申し出はお受けいたしかねますことを申し添えておきます。

　まずは、ご返事申し上げます。

敬具

納入側と購入側とで，商品への認識が異なっている。
この場合，購入側が不良品と認識したことに対して，お詫びが必要である。
その後，事情を説明し，誤解を解く。

➡ 上記の文書をリデザインした文書は，ウェブサイトからダウンロードの上参照してください。リデザインのポイントは以下の通りです。

〈リデザインのポイント〉
購入側が不良品と認識したことに対して，お詫びを記した。

(2) 社交文書

取引に直接かかわらない文書です。企業間の良好な関係を維持していくための潤滑油的な役割を果たします。

① 挨拶状

企業や企業における個人の状況を関係先に知らせ理解してもらい，一層の支援協力をお願いするための文書です。社交上の文書のなかでも儀礼的要素の濃い文書です。内容的には通知状です。

全社的な慶事，役員クラスの人事異動では，相応の格式を備えた体裁が求められ，二つ折り（代表取締役退任者と同就任者との挨拶状で，別記に全役員名が明記されている場合，三つ折りが多い。四つ折りもある）の上質白カード紙に印刷し，洋形1号（角封筒）の封筒に封入します。表書きは毛筆ですが，パソコンの毛筆フォントでの印刷も増えています。グリーティングカードもみられます。

営業関係の挨拶状と人事関係の挨拶状とがあります（**図表5－5**）。

図表5－5 挨拶状（営業関係，人事関係）

営業関係	会社設立，支店・営業所開設，社屋移転，社屋の新・改築，社名変更，組織変更　など
人事関係	叙勲，就任，退任，転任，退職　など

デザインのポイントを以下に示します。

- ☑ 形式をふまえて礼を尽くした表現で，挨拶の主旨を，正確，簡潔にわかりやすく述べる
- ☑ 日ごろの厚意に感謝し，今後の支援をお願いする
- ☑ 時機を逸せず，書式を整え，こちらの心が相手の心に響くように書く

転任のご挨拶 (A6+α)

拝啓　○○の候ますますご清栄のこととお喜び申し上げます
さて　私こと　このたび○○支店勤務を命ぜられ　この程着任いたしました
本社営業統括部在勤中は　公私にわたり格別のご厚情を賜りまことに有難く　厚くお礼申し上げます
○○支店は　○○○○線○○駅東口　○○○通りに位置し　○○○全域を営業基盤といたしております
今後は　○○支店で精一杯努力いたす所存でございますので　一層のご指導ご鞭撻を賜りますようお願い申し上げます
略儀ながら書中をもちまして　お礼かたがたご挨拶申し上げます

敬具

○○○○年○月

トーホー商事株式会社　○○支店
次長　松永　啓二朗

> 上質白カードを使用している。
> 横長仕様も増えている。

本社移転のご挨拶（A5+α）

謹啓　○○の候　ますますご清栄のこととお喜び申し上げます。
平素は格別のご高配を賜り厚くお礼申し上げます。
さて、このたび本社機能を左記に移転することになりました。
今後とも一層のお引き立てを賜りますようお願い申し上げます。
なお、東京支店の所在地は従来どおりでございます。
まずは略儀ながら、書中をもちましてご挨拶申し上げます。

謹白

本社移転のご挨拶

◎○○○年○○月吉日

三木商事株式会社
代表取締役　大川　芳夫

記

移転先　〒103-0007
　　　　東京都中央区日本橋○○町○丁目○番号
　　　　○○ビル十八階
　　　　電話○三（○○○○）○○○○

移転日　◎○○○年○○月○○日（○）

業務開始日　◎○○○年○○月○○日（○）

案内図

☞ 二つ折り上質白カードを使用している。
本社機能の移転とあるが、移転する部門が記されていない。

➡ 上記の文書をリデザインした文書は、ウェブサイトからダウンロードの上参照してください。リデザインのポイントは以下の通りです。

〈リデザインのポイント〉
記書きに、入居部門として、移転する本社機能の部門を記した。

第5章　社外文書のデザイン

② 案内状

　商取引そのものではないが，関連のある会合，行事，催し物などへの参加を促すための文書です。相手が参加したくなるような文面にします。

　特定の人に出席してもらう招待状ほど儀礼性を重んじなくてもよいが，一方的に知らせる通知状とも異なります。印象的で好感のもてる文書をデザインしましょう。

　広義の案内状には，あいさつ状的なものもあります（中元・歳暮などの贈答の案内，新製品の案内など）。

　デザインのポイントを以下に示します。

☑ ていねいな表現で，好感のもてる文面になるように気を配る
☑ 簡潔な表現で，案内の主旨を明確に述べる（箇条書きの活用）。文書を受け取った人が行動を起こした場合，どのようなメリットがあるのかがわかるようにデザインする
☑ 好ましい印象の文書になるよう文面以外（体裁，活字，印刷など）でも工夫をする

中元，歳暮の贈答（A6+α）

拝啓　○○の候　ますますご清祥のこととお喜び申し上げます
平素は　格別のご高配を賜り　ありがたく厚くお礼申し上げます
さて　日頃のご厚情をいただいております感謝のしるしとして心ばかりの品をお届けいたしますので　ご笑納いただければ幸甚に存じます
今後とも　一層のご指導ご鞭撻を賜りますよう　よろしくお願い申し上げます
時節柄　ご自愛のほど　お祈り申し上げますとともに　ご挨拶かたがたご案内申し上げます

敬具

◎◎◎◎年◎◎月

株式会社　カトー
代表取締役　小山田　敏一

☞ 上質白カードを使用している。洋形1号の封筒を使用している。封筒の表書きは、「ご挨拶」と印刷されている。この文例は、中元にも、歳暮にも使える。

第5章　社外文書のデザイン

ユーシン会 忘年会のご案内

ユーシン会 会員企業代表者　各位

ユーシン会　忘年会のご案内

拝啓　○○の候　ますますご清祥のこととお喜び申し上げます。

　お蔭さまで、本年も当社は所期の目標を達成することができました。

　つきましては、日頃のご尽力に感謝の意を表し、ユーシン会会員企業の皆さまと当社の経営層および貴会担当者との懇親を兼ねた慣例の忘年会を、下記のとおり催したいと存じます。

　ご多用の折とは存じますが、ぜひご出席くださいますようお願い申し上げます。

敬具

　◎○○○年○○月○○日

ユーシンシステム株式会社

代表取締役　松本 雄一朗

記

1. 日　時　　◎○○年○○月○○日（○）○○:○○～○○:○○
2. 会　場　　トーアホテル　2階 ホワイエ
　　　　　　　　（別紙 案内図ご参照）

　お手数ではございますが、ご都合の程を同封はがきにて○○月○○日までにご一報くださいますようお願い申し上げます。

目標を達成できたことに対する感謝の意を記しておきたい。

➡上記の文書をリデザインした文書は、ウェブサイトからダウンロードの上参照してください。リデザインのポイントは以下の通りです。

〈リデザインのポイント〉
目標を達成できたことに対する感謝の意を記した。

③ 招待状

　企業が主催する行事（祝賀会，各種催し物など）へ招待するための文書です。

　案内状と似ていますが，開催する行事は，企業の総力をあげて実施する式典のことも多く，招待状を送付するメンバーは，案内状の場合より特定されます。招待状を受け取った相手が，快く招待に応じられる文面にします。

　招待状は，遅くても1ヵ月半余り前には，招待者へ届くように送ります。なお，招待状を送付する際には，同封物（返信用はがき，会場案内図，記念品引換券など）にモレがないように気をつけます。

　デザインのポイントを以下に示します。

☑ 招待者が喜んで出席できるよう，謙虚さと敬意の行き届いた文面にする
☑ 招待の目的，日時，会場（場所）などを明確にし，招待するうえで失礼のないようにする
☑ 参考事項を明記する。出欠の連絡，招待状の持参，服装，食事の有無，駐車場の有無など

開店記念オープニングパーティー (A5+α)

拝啓　〇〇の候　ますますご清栄のこととお喜び申し上げます。
　さて、かねてより念願でございました和食の店「みやび」を、〇〇月〇〇日（〇）から開店いたすことになりました。これもひとえに皆さま方のご支援の賜と深く感謝申し上げる次第でございます。
　つきましては、開店に先立ちまして、ご芳情を賜りました皆さまを当店にお招きして、ささやかなオープニングパーティーを開きたいと存じます。
　ご多用のことと存じますが、ぜひご出席くださいますようお願い申し上げます。

敬具

〇〇〇〇年〇〇月吉日

和食の店「みやび」
山縣　亜希子

日　時　　〇〇月〇〇日（〇）
　　　　　午後〇時から〇時

場　所　　和食の店「みやび」
　　　　　（別紙 案内図参照）

お手数ながら、ご都合のほどを〇〇月〇〇日までにご一報くださいますようお願い申し上げます。

☞ お世話になった方を開店に先立ってお招きするという感謝の意を込めた文面にデザインする。お店を持つに至った経緯などを簡単に述べてもよい。

【創立〇〇周年記念の小宴】（A5+α）

拝啓　〇〇の候　ますますご清栄のこととお喜び申し上げます。平素は格別のご高配を賜り、誠にありがとうございます。
　さて、当社もおかげをもちまして来る〇〇月〇〇日創立〇〇周年を迎えることになりました。
　つきましては、皆さまをお招きし右記のとおり心ばかりの小宴を催したく存じます。ご多用のところ誠に恐縮ではございますが、なにとぞご来臨の栄を賜りますようお願い申し上げます。
敬　具

〇〇〇〇年〇〇月吉日
　　　　　東日システム株式会社
　　　　　代表取締役　杉浦　保夫

日　時　〇〇〇〇年〇〇月〇〇日（〇）
　　　　午後〇時から〇時

会　場　ミリオンホテル　パールルーム
　　　　（別紙案内図）

お手数ではございますが、ご都合の程を同封はがきにて〇〇月〇〇日までにご一報くださいますようお願い申し上げます。

創立〇〇周年を迎えることができたことに対する感謝の意が記されていない。

➡ 上記の文書をリデザインした文書は、ウェブサイトからダウンロードの上参照してください。リデザインのポイントは以下の通りです。

〈リデザインのポイント〉
創立〇〇周年を迎えることができたことに対する感謝の意を記した。

④　祝賀状
　企業や企業における個人の慶事に対して、祝意を伝えるための文書です。
　相手とともに喜ぶという心が表現されないと、しらじらしくなります。タイミングを逸することなく、ていねいで率直な祝意を伝えましょう。慶事の日取りは、前もってわかっていることが多いので、前日に届くように送ると効果的です。

企業の慶事と企業における個人の慶事とがあります（**図表５－６**）。

図表５－６ 祝賀状（企業の慶事，企業における個人の慶事）

企業の慶事	会社設立，新会社発足，支店開設，新社屋落成，創立○○周年記念　など
企業における個人の慶事	就任，栄転，叙勲　など

デザインのポイントを以下に示します。

☑ 形式をふまえて書く
☑ 単なる美辞麗句で，社交辞令にならないように書く（礼儀正しく，ていねいな表現で，失礼のないように気を配り，簡潔に書く）
☑ 相手とともに喜ぶという心からの祝意を表現する
☑ 忌みことばは，使わない（第７章３節「図表７－13」参照）

流通センター竣工

謹啓　○○の候　ますますご清栄のこととお喜び申し上げます。
このたびは、貴社○○流通センターが完成の由、誠におめでとうございます。心からお祝い申し上げます。
○○流通センターは、久保様の流通システムに対するお考えを実現なさった画期的なセンターと伺っております。今後の流通システムのあり方に一石を投じ、貴社にさらなるご発展をもたらすことと拝察しております。
お招きいただきました竣工記念の宴に出席し、流通センターのシステムを拝見できますことを心待ちにしております。
まずは、書中をもちましてお祝い申し上げます。

敬具

◎◎○○年○○月○○日

東日産業株式会社
代表取締役　権藤　啓太郎

ミノワ物流株式会社
代表取締役　久保　一樹　様

☞ 新しい設備がもたらす効果にふれ，今後のさらなる発展を祈念している。

取締役支店長就任

ミツワシステム株式会社

　取締役大阪支店長　小林　有希　様

　拝復　○○の候　ご清祥のこととお喜び申し上げます。

　さて、このたび取締役大阪支店長にご就任とのこと、おめでとうございます。謹んでお祝い申し上げます。

　本社経営企画室長としてご在任中は、何かとご懇情を賜り、誠にありがとうございました。

　新任地でも健康にご留意の上、ますます活躍なさいますようお祈り申し上げます。

　なお、今後とも変わらぬお引き立てを賜りますようお願い申し上げます。

　お祝いのしるしに心ばかりの品を別送いたしました。ご笑納いただければ幸甚に存じます。

　まずは、書中をもってお祝い申し上げます。

敬具

◎◎○○年○○月○○日

共和産業株式会社
代表取締役　三宅　一之

仕事への取り組み姿勢などで、日頃から感じているひと言が添えられているとよい。

➡ 上記の文書をリデザインした文書は、ウェブサイトからダウンロードの上参照してください。リデザインのポイントは以下の通りです。

〈リデザインのポイント〉
仕事への取り組み姿勢に関して感じていることをひと言プラスした上で、新天地でも成果を出すことを確信している旨を記した。

⑤　見舞状

　企業や企業における個人の災害、事故、怪我、病気などに対して、あたたか

第5章　社外文書のデザイン

い励ましやいたわりのことばを述べるための文書です。

　災害・病気などの情報を入手したら，状況を確認したうえで，すぐデザインし，すぐ出します。やむを得ず見舞うのが遅れた場合は，その理由を率直に述べます。

　デザインのポイントを以下に示します。

☑ 相手の安否を案ずる気持ちが十分伝わるよう，誠意のこもった文面にする
☑ 復興，全快を願う心が伝わるように書く
☑ 前文は略して，主文から書く
☑ 見舞い以外のことは書かない
☑ 忌みことばは，使わない（第7章3節「図表7－14」参照）

　　　　　　　　　　　　　　類焼

前略　東西産業株式会社の○○工場からの出火で、貴社の○○工場が類焼とのことを、今朝のニュースで知り驚いております。心からお見舞い申し上げます。

井之川様のご心痛のほど、いかばかりかとお察し申し上げます。ニュースによりますと、従業員の皆さまにはお怪我もなかったとのこと、不幸中の幸いでございました。工場の損害は多大と存じますが、すみやかな復旧を祈ってやみません。

繁忙期の折、当社でお力添えできることがございましたら、ご遠慮なくお申しつけください。及ばずながらご支援させていただきます。

僅少ではございますが、心ばかりのお見舞いを同封いたしましたので、お納めくださいますようお願い申し上げます。

まずは、書中をもちましてお見舞い申し上げます。
　　　　　　　　　　　　　　　　　　　　草々

◎○○○○年○○月○○日

オート産業株式会社
代表取締役　井之川　祐二　様

ニトー工業株式会社
代表取締役　大瀧　康一朗

> 類焼は被害である。心からの同情を素直に記す。
> 助力は励ましになるので、可能であれば申し出る。

> 交通事故

株式会社 トーコー工業デザイン研究所
「色彩&香り」プロジェクト
　リーダー　北村 萌咲 様

　前略　一昨夜交通事故に遭われ、ご入院になったことを貴プロジェクトの橘田様からお聴きし、驚いております。心からお見舞い申し上げます。
　<u>右足骨折だけと伺い安堵いたしました。</u>スポーツトレーニングで鍛えていらっしゃいますので、ご快復も人一倍早いことと存じます。
　新プロジェクトの責任者に抜擢された北村様には、このたびのご入院は痛恨事とお察ししておりますが、十分加療なさいますことを願ってやみません。
　近日中にお見舞いに伺いますが、まずは書中をもってお見舞い申し上げます。

　　　　　　　　　　　　　　　　　　　　　　　　　草々

○○○○年○○月○○日
　　　　　　　　　　　　　　　コーダ工業株式会社
　　　　　　　　　　　　　　　開発事業部
　　　　　　　　　　　　　　　マネージャー　生田 雅美

「右足骨折だけと伺い安堵いたしました」(下線)という表現は、交通事故での入院者に対して無神経ではないだろうか。

➡ 上記の文書をリデザインした文書は、ウェブサイトからダウンロードの上参照してください。リデザインのポイントは以下の通りです。

〈リデザインのポイント〉
右足を骨折したが、他に怪我がない、後遺症の心配もないことを記した。その後で、「安堵いたしました」と表現した。
入院者の気持ちに寄り添う心遣いが必要である。

⑥　弔慰状（お悔み状）

　訃報に対して，哀悼の意を表するための文書です。

　本来，訃報を聞いたら，弔問し，お悔みを述べます。したがって，弔問できなかった（遠方，出張中など）場合，訃報を葬儀のあとで知った場合などに出します。

　訃報を知った時点で，弔問できないことがわかっている場合，確認したうえで，すぐデザインし，すぐ出します。

　デザインのポイントを以下に示します。

- ☑ 頭語や前文は不要であり，主文から書き始める。結語も不要である
- ☑ 追って書きは，書かない。凶事が重なるとして嫌われる
- ☑ ていねいな表現で，心のこもった弔意を表す
- ☑ 死を直接的に表現することば（ご死去など）は避け，ご逝去，ご永眠などと書く
- ☑ 忌みことばは，使わない（第7章3節「図表7－15」参照）

取引先常任監査役

貴社常任監査役、藤岡健二様、ご入院中のところご養生かなわずご逝去とのこと、謹んでお悔み申し上げます。
徳田様はじめ皆さま方のご傷心いかばかりかと拝察申し上げます。
先日お見舞いの折には、お元気なご様子で、退院も間近と伺っておりました。とても残念でなりません。
本来であれば弔問に伺うべきところではございますが、事情により参列がかないません。
不本意ながら、書中にて哀悼の意を表します。
心ばかりのご香料を同封いたしました。ご霊前にお供えくださいますようお願い申し上げます。

◎◎◎◎年◎◎月◎◎日

トキワ物産株式会社
代表取締役 立川 富夫

株式会社 東和商会
代表取締役 徳田 幸彦 様

☞ 訃報に接しての悲しみ，驚きを述べ，哀悼の意を表す。

第5章 社外文書のデザイン

取引先代表取締役

貴社代表取締役社長　三国智昭様、突然のご逝去との報に接し、謹んでお悔み申し上げます。
先日、四本会でご一緒しました折には、貴社の今後の経営についてのお考えをお聞かせくださいました。人生無常の感ひとしおでございます。
ご遺族の皆さま、貴社の皆さまのご心痛はいかばかりかと拝察申し上げます。どうかこの悲しみを乗り越えられ、故人のご遺志を継いで、貴社のますますのご発展のために尽力なさいますことを心からお祈りしております。
早速、お悔みにうかがうべきところではございますが、明日から出張のため、不本意ながら書中にて表悼の意を表します。
心ばかりのご香典を同封いたしますので、ご霊前にお供えくださいますようお願い申し上げます。

◎◎◎◎年◎◎月◎◎日

東洋商事株式会社
専務取締役　北村　優香　様

トーコー精機株式会社
代表取締役　宇田川　光穂

☞「ますます」（傍点）は，忌言葉であるから，弔慰状には不適切である。

➡ 上記の文書をリデザインした文書は，ウェブサイトからダウンロードの上参照してください。リデザインのポイントは以下の通りです。

〈リデザインのポイント〉
「ますます」（傍点）を削除した。

⑦　礼　状

　慶弔禍福に対する相手からの厚意に対して，謝意を表するための文書です。謝意を表することは，今後のビジネスにおいて，相手とのコミュニケーションをより深めていくことにもなりますので，おろそかにできません。

　礼状は，厚意を受けたら，タイミングを逸せずに出します。すぐにお礼をいわれるのは，うれしいものであり，役に立ってよかったという安心感にもつな

がります。忙しさにまぎれ，放置しておいたとか，忘れてしまったというのでは，今後のビジネスにマイナスの影響を及ぼすだけでなく，人間性まで疑われます。
　デザインのポイントを以下に示します。

☑ お礼の気持ちや感謝の心が相手に伝わるように，ていねいかつ率直に書く。そらぞらしくならないように気をつける
☑ 形式にそって書き，他の用件は書かない

代表取締役副社長就任祝いへのお礼（A6+α）

謹啓　時下ますますご清祥のこととお喜び申し上げます
さて　私議　このたび代表取締役副社長就任に際しましては　早速ご懇篤なるご祝意を賜り　誠に有難く厚くお礼申し上げます
今後とも社業発展のため　一層の努力をいたす所存でございますので　何とぞ倍旧のご指導ご鞭撻を賜りますようお願い申し上げます
本来ならば　拝眉の上ご挨拶申し上げるべきところではございますが　まずは略儀ながら書中をもってお礼申し上げます

敬白

◎◎◎◎年◎◎月吉日

東都物産株式会社
近藤　翔一

上質白カードを使用している。「祝意」と記すことにより，祝詞の場合も，祝詞と祝品との場合も，用いることができる礼状である。

開店記念オープニングパーティー参会へのお礼 （A6+α）

拝啓　○○の候　ますますご清祥のこととお喜び申し上げます。
　さて、このたびの当店のオープニングパーティーには、ご多用の中ご出席くださいましてありがとうございました。
　おかげさまで、盛会裏に終わることができました。
　当日は、力強い激励のお言葉を賜りました上に、過分なお祝いまで頂戴いたしました。皆さまのご懇情に感謝申し上げるばかりでございます。
　今後は、皆さまに質の高いサービスを提供できる店として努力してまいります。
　なにとぞ、ごひいきの程よろしくお願い申し上げます。
　　　　　　　　　　　　　　　　　　　　　　　　　　敬具
○○○○年○○月

　　　　　　　　　　　　　　　和食の店「みやび」
　　　　　　　　　　　　　　　　山縣　亜希子

上質白カードを使用している。招待状により、「開店記念オープニングパーティー」に出席くださった方々へお礼状である。
盛会裏に終わったことに対するお礼も必要である。

➡ 上記の文書をリデザインした文書は、ウェブサイトからダウンロードの上参照してください。リデザインのポイントは以下の通りです。

〈リデザインのポイント〉
盛会裏に終わったことに対するお礼を記した。

⑧ **紹介状**

　企業，人などを第三者に仲介するための文書です。

　仲介ではあるが，紹介先と依頼先の双方に対して，道義的責任をもつことになります。紹介状を書くときは，慎重さが必要です。

　ごく簡単な紹介では，名刺を使用すること（相手が自分と同等か目下）もあります。目上の人にあてる場合，重要な要件の場合，紹介内容が長くなる場合は，書状にします。

　紹介状を本人に渡す場合は，内容に目を通してもらったうえで，封をします。デザインのポイントを以下に示します。

- ☑ 礼儀を重んじ，心から丁寧な表現になるように留意する。文体，表現などを気負う必要はない。責任と自信をもって紹介していることを，相手にわかってもらうことが大切である
- ☑ 紹介の目的，理由を正確に，簡潔に書く
- ☑ 必要ならば，経歴書（企業），履歴書（人）などを添付する（添付しない場合は，引見時に持参させる）

アウトソーシング先

リムーバル物産株式会社

　管理本部長　大嶋　満男　様

　拝啓　貴社ますますご隆盛のこととお喜び申し上げます。平素は格別のご高配を賜り厚くお礼申し上げます。

　さて、先般ご相談のございました総務業務のアウトソーシング先の件ですが、当社が同業務をお願いしておりますトキワサービス株式会社をご紹介申し上げます。

　トキワサービス株式会社は、8年前にトキワ商事株式会社の総務部門が独立して発足しました。当初はトキワ商事の総務業務のアウトソーシング先でした。その後、トキワ商事グループ企業はもとより、多数の企業の総務業務を受託するようになりました。

　当社は3年前入札により、トキワサービス株式会社を総務業務のアウトソーシング先に決定いたしました。3年間の実績は、当社として十分評価できる水準でございます。

　したがいまして、貴社の総務業務のアウトソーシング先として、検討に値する企業であると確信いたしております。

　つきましては、近々同社営業部長の大山喜一氏からご連絡させますので、ご引見の上、詳細をお聴きいただければと存じます。

　まずは書中をもってご紹介申し上げます。

敬具

　○○○○年○○月○○日

ミキ工機株式会社
経営企画室長　梅谷　慎二

紹介企業の概要を記しておく。
紹介企業から連絡させる旨を書き添える場合、連絡者を明記しておく。

店長候補

株式会社 トーコー
店舗開発部長 草薙 紘一 様

拝啓 貴社ますますご盛栄のこととお喜び申し上げます。毎々格別のお引き立てを賜り厚くお礼申し上げます。

さて、先般お話のございました貴社三橋支店の店長候補として、小清水亜美さんをご紹介申し上げます。

小清水さんは、東都大学を卒業後、モア服飾専門学校で学び、卒業後はアミールに5年ほど勤務しました。その後、ニューヨークのフォース大学でファッション心理学を学びました。

現在は、レミー本社の商品企画部に所属していますが、週2日ないし3日は、東亜デパート内のレミーブティックでチーフアドバイザーとして売上に貢献しています。

<u>お客さまからもメンバーからも信頼されています</u>ので、貴社の三橋支店の店長として申し分のない人物と確信しております。

つきましては、経歴書を同封いたしましたので、ご引見の上、ご高配を賜りたくお願い申し上げます。

敬具

〇〇年〇〇月〇〇日

株式会社 サニー商会
営業部長 石原 由嘉子

なお、小清水さんが立ち上げたブランド、ルシアは30歳代から50歳代の働く女性たちに人気があり、レミーの業績は上がってきております。商品企画でも十分お役に立ち得る人物であることを申し添えておきます。

第5章 社外文書のデザイン

「お客さまからもメンバーからも信頼されています」(下線)について、簡潔な説明があるとよい。

➡ 上記の文書をリデザインした文書は、ウェブサイトからダウンロードの上参照してください。リデザインのポイントは以下の通りです。

〈リデザインのポイント〉
仕事面に関しての情報は十分である。
したがって、お客さまやメンバーから、なにゆえに信頼されているのかについては、人柄に関してひと言ふれた。

⑨　**推薦状**

　企業，人などを積極的に推奨し，取引開始や採用を進めるための文書です。道義的責任をもつ点は，紹介状と同じですが，紹介状以上に慎重さが必要です。デザインのポイントを以下に示します。

- ☑ 礼儀を重んじ，心からていねいな表現になるように留意する。文体，表現などを気負う必要はない。責任と自信をもって推薦していることを，相手にわかってもらうことが大切である点は，紹介状と同じである
- ☑ 推薦の目的，理由を正確に，簡潔に書く
- ☑ 企業を推薦する場合は，会社経歴書を添付する。人に関する推薦の場合は，履歴，業績，能力，資質，性格などを具体的に書いたものを添付する（添付しない場合は，引見時に持参させる）

〇〇の取引先

拝啓　貴社ますますご隆盛のこととお喜び申し上げます。
さて，先般ご依頼のございました〇〇の取引先でございますが，当社に〇〇を納入している株式会社マタク製作所をご推薦申し上げます。
当社の取引先のなかでは，比較的規模の小さな企業ですが，技術力は業界トップクラスでございます。当社が取引先として選びましたのも技術の高さです。他社と比較しますと，単価は若干高いと存じますが，品質は他社の追随を許しません。
したがいまして，貴社のお取引先として推薦に値する企業であると確信しております。
つきましては，近々同社の代表である横田氏からご連絡させますので，ご引見の上，詳細をお聴きいただければと存じます。
まずは，書中をもって推薦申し上げます。

敬具

〇〇〇〇年〇〇月〇〇日

サンワ産業株式会社
製造部長　磯貝　康夫　様

東西産業株式会社
製造部長　三好　幸雄

> 推薦に値する取引先である根拠を，簡潔，具体的に記す。
> 推薦する取引先から連絡する旨を書き添える。

第5章 社外文書のデザイン

【経理担当者】

東都産業株式会社

　代表取締役　大杉　嘉一　様

　拝啓　貴社ますますご隆盛のこととお喜び申し上げます。平素は格別のお引き立てを賜り厚くお礼申し上げます。

　さて、先般ご依頼のございました貴社の経理担当責任者ですが、ご希望に添い得る人材がおりましたので、ご推薦申し上げます。

　ミトモ商事株式会社で<u>長きにわたって</u>経理財務を担当し、取締役財務部長を最後に本年3月定年退職した本多氏でございます。今までの経験を活かして、企業での経理財務関係の仕事をしたいと希望しています。

　当社もミトモ商事株式会社とは長い取引関係にございますので、本多氏をよく存じ上げております。実直な信頼できる人物でございますので、貴社の経理業務をお任せになるには、うってつけかと存じます。退職を惜しまれ、定年延長の話もございましたが、後進に道を譲りたいとお断りになりました。

　経歴書を同封いたしましたので、ご検討の上ご引見のほどよろしくお願い申し上げます。

敬具

◎◎○○年○○月○○日

トーホー産業株式会社
代表取締役副社長　泉田　雅和

　なお、某税理士法人からのオファーへの返事が10日後に迫っているため、税理士として新たな一歩を踏み出そうと考え始めているようですから、<u>ご引見は早いほうがよろしいかと存じます</u>。

「長きにわたって」は、実勤務年数を記したほうがよい。
引見する時期を判断するのは、推薦者ではないので、追記の「ご引見は早いほうがよろしいかと存じます」（下線部分）は、不要である。

➡ 上記の文書をリデザインした文書は、ウェブサイトからダウンロードの上参照してください。リデザインのポイントは以下の通りです。

〈リデザインのポイント〉
実勤務年数を記し、「32年の長きにわたって」とした。
追記の「ご引見は早いほうがよろしいかと存じます」は削除した。

第6章 はがきと封書

　仕事で使用している主なコミュニケーション手段の第1位は「メール」（日本ビジネスメール協会の調査結果）であると，第3章の冒頭で述べました。
　この調査によれば，同2位は「電話」です。コミュニケーションの主役がメールや電話の時代だからこそ，封書やはがきの良さをコミュニケーションに活かしてみませんか。

1．はがきと封書との使い分け

　封書と比較した場合，はがきは手軽に書けます。受信者以外の目にふれても構わない文字数の少ない文書であれば，ビジネスのコミュニケーション手段として，大いに役立つのではないでしょうか。
　封書は，言うまでもなく封をした文書です。封をしてあることが望ましい文書をはがきで出すことはできません。
　封書とはがきとを使い分ける一般的な基準を示しておきます。

(1) 封書を活用したい文書

　形式を整えておく文書，受信者以外の目にふれないことが望ましい文書などは，封書で出します。以下に示すような文書が該当します。

① 格式を尊ぶ文書

　二つ折りや三つ折り上質カード，グリーンティングカードなどに印刷し，洋形1号の封筒に封入する格式を尊ぶ挨拶状や招待状などです。

② 同封物がある文書

　文書とともに，資料，写真，図などを送付する場合は，封書にせざるを得ません。

③ 秘扱いの文書

　受信者以外は開封できない文書，「親展」文書などがあります。個人名がない部門宛の「親展」文書などの場合は，部門の文書担当者が開封し，しかるべき担当者に配付します。

④ 儀礼を重んじる，目上や職階が上位で初めてといった受信者に出す文書

　はがきは，略式文書という考えの人には封書にします。目上や職階が上位で初めてといった場合も封書がよいでしょう。

⑤ 詫状，依頼状など

　お詫びをする場合，依頼をする場合の丁重な文書は，封書をお勧めします。

(2) はがきを活用したい文書

　はがきの代表格はダイレクトメール（以下，DM）ではないでしょうか。しかし，昨今は，E-mailのDMが増えています。筆者に届くDMも，E-mailがはがきを圧倒的に上回っています。そしてSMS（ショートメッセージサービス：以下，SMS）のDMも届くようになりました。

　SMSのDMは，箇条書き的な文が6〜7行と若干の絵文字や記号を含めて，60字前後のものがほとんどです。簡潔ですが，無機質な感じです。

　E-mailのDMは，画面をスクロールしないとすべてを見ることができないものがほとんどです。したがって，小さな文字がびっしりと並んでいた場合は，

通常は見ないのではないでしょうか。スクロールさせながら最後まで見るのは，写真が中心で，文字は少なく大きくて見やすい場合でしょう。このようなDMの中には，必要に応じて別画面で詳細情報を得られるようになっているものもあります。E-mailゆえに可能な方法です。

　はがきのDMは，写真やイラストが中心で，文字は少なく大きくて見やすいE-mailのDMのワンカットがぴったりではないでしょうか。はがきのDMには，SMSのDMやE-mailのDMにはない心なごむ手書きメッセージを添えられるというメリットがあります。担当者の手書きメッセージを添えたはがきのDMを見直してみませんか（第2章補論(1)①「3行の効果」）。

　DM以外では，季節の挨拶，出欠の返信などに，はがきが活用されています。他にも，以下に示すような文書では，コミュニケーション手段として，はがきが活用できます。

① **事務連絡的な通知状**
　電話番号変更の通知，夏季休業の通知，依頼事項確認の通知など，事務連絡的な通知状は，はがきが主役になれる文書ではないでしょうか。

② **簡単な挨拶状**
　担当者が交代するときの挨拶，転勤の挨拶などがあります。

③ **簡単な祝賀状**
　取引先の担当者が昇格したり，栄転したりしたときの祝意を伝える場合に活用しましょう。

④ **簡単な礼状**
　出張訪問でお世話になった担当者へのお礼，資料受領のお礼，季節の贈答へのお礼などがあります。

> **コラム 6-1**
>
> **用紙の規格**
>
> 　ビジネスにおける一般的な文書の多くは，A4判の用紙を用いています。用紙の規格は，「JIS P 0138：1998　紙加工仕上寸法」で規定されています。仕上寸法主要シリーズ（ISO-Aシリーズ）（図表１）は，あらゆる種類の事務用品や行政，商取引，工業の分野で用いられる紙の仕上寸法およびビジネスフォーム，カタログその他の印刷物に適用されます。仕上寸法補助シリーズ（JIS-Bシリーズ）（図表２）は，Ａシリーズの２つの隣接した寸法の間に，中間寸法が必要とされる場合などに限り，例外的に使用するものとします（日本工業標準調査会（1998））。
>
> **図表１　ISO-Aシリーズ**
>
> | 呼び | A列 |
> |---|---|
> | A0 | 841×1189 |
> | A1 | 594×841 |
> | A2 | 420×594 |
> | A3 | 297×420 |
> | A4 | 210×297 |
> | A5 | 148×210 |
> | A6 | 105×148 |
> | A7 | 74×105 |
> | A8 | 52×74 |
> | A9 | 37×52 |
> | A10 | 26×37 |
>
> 単位：mm
>
> **図表２　JIS-Bシリーズ**
>
> | 呼び | B列 |
> |---|---|
> | B0 | 1030×1456 |
> | B1 | 728×1030 |
> | B2 | 515×728 |
> | B3 | 364×515 |
> | B4 | 257×364 |
> | B5 | 182×257 |
> | B6 | 128×182 |
> | B7 | 91×128 |
> | B8 | 64×91 |
> | B9 | 45×64 |
> | B10 | 32×45 |
>
> 単位：mm

2．はがきの活用例

　ビジネスにおけるコミュニケーション手段として，はがきの活用を考えてみませんか。こみいった内容や機密事項は書けませんが，多くの人に目をとおしてもらうことが望ましい簡単な用件などには，はがきが効果的ではないでしょうか。アイデア次第で，SNSやメール，電話とはちがった効果も期待できます。

筆者が受け取ったはがきを例に挙げておきます。

電話での原稿締切日の確認は，締切日前であるにもかかわらず，督促と感じ，気が重いものです（月刊誌に連載していたときの経験。筆者だけかもしれませんが…）。このような電話は，ほとんどがメールに変わりました。メールの場合は，返信メールを送らなければという思いに駆られます。はがきの場合は，「締切日まであと1週間，頑張って納期に間に合わせよう」という追い込み効果があります。

電話でもメールでもはがきでも，締切日の確認ですから，「〇〇日が締切日となっております。よろしくお願いいたします」が骨子です。しかし，コミュニケーション手段によって，受け止め方は異なります。締切日確認のはがき（月刊誌の特集原稿のときの経験）には，電話やメールにはない心遣いが感じられるのは筆者だけかもしれません。

以下では，文例を挙げてみていきます。

事務所移転

事務所移転のご挨拶

拝啓　時下ますますご清栄のこととお喜び申し上げます。平素は格別のご高配を賜り厚くお礼申し上げます。
　さて，このたび下記へ事務所を移転することになりました。新事務所での業務開始は，〇〇年〇〇月〇日（〇）からでございます。
　何とぞ倍旧のご支援ご協力を賜りますようお願い申し上げます。
　まずは，書中をもちまして，ご挨拶申し上げます。
敬具

〇〇〇〇年〇〇月吉日

〇〇〇経営研究所
代表　〇〇　〇〇

〇〇〇経営研究所
代表　〇〇　〇〇
〒104-0027 東京都〇〇区〇〇〇丁目〇〇-〇
TEL：03-3547-〇〇〇〇　FAX：03-3547-〇〇〇〇
E-mail：keieken@〇〇〇.co.jp

転任

拝啓　〇〇の候　ますますご健勝のこととお喜び申し上げます。日頃はひとかたならぬご厚情を賜り厚くお礼申し上げます。
　さて，私儀
このたび人事異動により下記へ転任を命ぜられ，過日着任をいたしました。
今後は，新任務に一層の努力をいたす所存でございますので，何とぞ倍旧のご指導ご鞭撻を賜りますようお願い申し上げます。
　まずは略儀ながら，書中をもちまして，ご挨拶申し上げます。
敬具

〇〇〇〇年〇〇月

〇〇〇株式会社
〇〇　〇〇〇〇

主任
〇〇　〇〇〇〇
〇〇〇株式会社
〒225-0002 横浜市〇〇区〇〇〇丁目〇〇-〇
TEL：045-907-〇〇〇〇　FAX：045-907-〇〇〇〇
E-mail：kekune@〇〇〇.co.jp
URL http://www.〇〇〇.co.jp

第6章　はがきと封書

(1) 事務所移転，転任

はがきの下部を点線で切り離すと名刺として活用できるようにしてある小規模経営や個人の事務所の移転挨拶，転任の挨拶などは，受け取った時点で，名刺を差し替えることができ便利です。

(2) 担当者交代

現担当者の退職にともない，後任担当者をその上司が関係先に広報します。後任担当者からの連絡で，担当者が交代したことを知る場合より，親近感が感じられ，ビジネスの連続性が保てます。

担当者交代

(3) 電報はがき

ビジネスにおける仲間や親しい相手に謝意を表すのにぴったりなはがきが，「感謝とお礼の電報はがき」です。はがきに原稿用紙のマス目が，120字程度印

刷されています（発信者自身による簡易印刷であることが，なんともいえない温かみを感じます）。

　ひと言お礼を申し上げたいというときに，形式にとらわれることなく「すぐ書き，すぐ出す」ことができる優れもののはがきです。受信者は，ほのぼのとした温かさに包まれます。

　下記の電報はがきで，気になる点があります。それは，尊敬の接頭語である「ご」が，行末にきていることです。このような場合，言い回しや読点などで，「ご」が行末にこないように工夫する必要があります。

　しかし，「すぐ書き，すぐ出す」には，そのような工夫をしなくても，行末にあることが好ましくない文字が行末にこないようにできることです。

　その場合，原稿用紙のマス目ではないが，受信者がほのぼのとした温かさに包まれるはがきはないでしょうか。筆者が見つけたはがきがあります。それは，ぼかし罫入りのはがきです。

　電報はがきの文面を罫線入りはがきで書いてみました。

電報はがき　　　　　　　　　　罫線入りはがきで書いた電報はがき

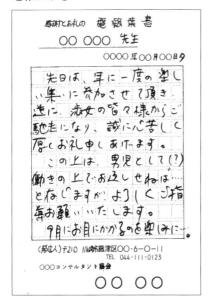
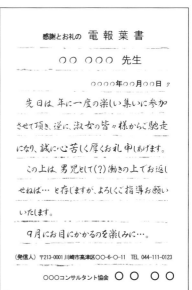

3．はがきのデザイン

　返信はがきのデザインとコミュニケーション手段としてのはがきのデザインとをみておきます。

(1) 返信はがきのデザイン

　招待状などに同封されている返信はがきですが，きちんとデザインをしている返信者は意外に少ないと言えます。2年ほど前に50通ほどの返信はがきをチェックしたことがあります。

　書き改めるべき箇所をすべて書き改めてあったはがきが7通，書き改めるべき箇所を一箇所も書き改めてなかったはがきが5通，それ以外は書き改めるべき箇所の一部を書き改めたはがきでした。

① 表　面

　あて名の「行」を消します。個人宛は「様」，団体・部署宛は「御中」と書き改めます。

② 裏面1

　該当しない方（例では，「ご欠席」）を消します。該当する方の「ご」（例では，ご出席の）「ご」を消します。

③ 裏面2

　該当する方の「ご」（例では，ご欠席の「ご」）を消し，欠席を○で囲みます。該当しない方の「ご」（例では，ご出席の「ご」）を消します。

④ ひと言書き添える

　出席の場合ですと，書き添えるスペースに応じて，その前後に「喜んで」「させていただきます」とか，「創立25周年おめでとうございます。喜んで」「させていただきます」などと書き添えます。

欠席の場合ですと，書き添えるスペースに応じて，その前後に「残念ですが」「させていただきます」とか，「創立25周年おめでとうございます。当日は出張のため」「させていただきます」などと書き添えます。

⑤　「ご住所」，「貴社名」，「ご芳名」

　「ご住所」の「ご」，「貴社名」の「貴」，「ご芳名」の「ご芳」を消します。ご芳名の「ご」は，「これからの敬語」（1952年4月に国語審議会から文部省：現文部科学省に建議された）で，省くほうがよい場合の例に挙がっています（文部省編（1952）p.7）。しかし，現在でも返信はがきは「ご芳名」が圧倒的に多く，「芳名」と書かれた返信はがきを見ることはまずありません。

表面（縦書き）

表面（横書き）

裏面1（縦書き）

④ 創立二十五周年記念祝賀会

創立二十五周年おめでとうございます。
喜んで、
② ✓ご出席 ④させていただきます。

⑤ ご住所　文京区春日〇丁目〇〇－〇
⑤ 貴社名　大和物産株式会社
⑤ ✓芳名　大山 和夫

裏面1（横書き）

④ 創立25周年記念祝賀会

創立25周年おめでとうございます。
喜んで、
② ✓出席 ④させていただきます。

② ✓欠席

⑤ ✓ご住所　文京区春日〇丁目〇〇－〇
⑤ 貴社名　大和物産株式会社
⑤ ✓芳名　大山 和夫

裏面2（縦書き）

④ 創立二十五周年記念祝賀会

創立二十五周年おめでとうございます。当日は出張のため、④
③ ご出席
③ ✓欠席　させていただきます。
（どちらかを〇で囲んでください）

⑤ ご住所　文京区春日〇丁目〇〇－〇
⑤ 貴社名　大和物産株式会社
⑤ ✓芳名　大山 和夫

裏面2（横書き）

創立25周年記念祝賀会

③ ご出席

創立25周年おめでとうございます。
当日は出張のため、④
③ ✓欠席 ④させていただきます。
（どちらかを〇で囲んでください）

⑤ ✓ご住所　文京区春日〇丁目〇〇－〇
⑤ 貴社名　大和物産株式会社
⑤ ✓芳名　大山 和夫

(2) コミュニケーション手段としてのはがきのデザイン

　横書きが多くなっていますが，横書きか縦書きかは，文書の種類などによって決定すればよいのではないでしょうか。裏面（文書面）が横書きであれば，表面（宛名面）も横書き（ラベル使用も多い），裏面（文書面）が縦書きであれば，表面（宛名面）も縦書きで揃えましょう。

① 表面（宛名面）

　差出人は，裏面（文書面）に書かれているものが大半です。したがって，表面（宛名面）は，宛名のみが書かれているものがほとんどです。

　宛名は個人名がはがきのほぼ中央にくるように，住所，企業名，部署名，役職名，個人名をバランスよく配置します。部署宛であれば部署名が，企業宛であれば企業名が，はがきのほぼ中央になります。会社名，部署名は住所よりやや大きめに書きます。個人名は会社名より大きめに書きます。

表面（宛名）縦書き

表面（宛名）横書き

② 裏面（文書面）

　上下左右に適切な余白を取りましょう。上下の余白15mm程度，左右の余白12mm程度が多いようです。上下余白20mm程度，左右余白15mm程度や上下左右の余白10mm程度といったものも目にします。

　上下左右の余白が10mm程度で，活字が小さく文書がびっしり詰まっているはがきは，読む気が失せますので，デザインしないようにしたいものです。手書きの場合，最後の1～2行の行間や字間が詰まってしまったり，字が小さくなってしまったりすることがあります。バランスを考えて書くようにしましょう。

4．封筒のデザイン

　取引文書の多くは，A4判の用紙が使用されています。A4判の用紙を横三つ折りにして封入できるのは，長形3号（幅120mm×長さ235mm）と長形6号

裏面（文書面）縦書き　　　　　　裏面（文書面）横書き

（幅110mm×長さ220mm）との封筒です。実際に使用されている封筒の多くは長形3号です。社交文書ではA4判の用紙やカード紙が使用されます。カード紙の場合の封筒は，洋形1号（幅176mm×長さ120mm）です。

　封筒のデザインは，封入する文書に合わせます。縦書き文書であれば縦書きに，横書き文書であれば横書きにします。長形3号と洋形1号との封筒での縦書きと横書きとを示しておきます。

　なお，返信用封筒は，長形6号の横書きのみを示しました。

① **長形3号**

　縦書きの取引文書を目にすることは，ごくまれになりました。したがって，封筒もほとんどが横書きになりました。長形3号も横長仕様が多くなってきました。

　横長仕様にも種類があります。表面は，郵便番号記載欄のある封筒とない封筒があります。裏面は，フラップが短辺にある縦入仕様とフラップが長辺にある横入仕様があります。郵便番号の記載欄があると縦入仕様が多く，郵便番号の記載欄がないと横入仕様が多いようです。

　先述しましたように取引文書のほとんどが横書きであることから，本来の長形3号仕様であっても，ほとんどが横書きです。

　宛名はラベル使用が多くなっています。この場合，ラベルが傾かないように貼ります。傾いた宛名ラベルは，受信者から見て感じの良いものではありません。ラベルのサイズは，メーカーによっても多少違いがありますが，筆者が受信した文書を例に挙げると，大きいものでは幅100mm×長さ52mm，小さいものでは幅74mm×長さ42mm，一番多いサイズは幅86mm×長さ42mmです。

　表面に企業名が印刷されていますので，裏面に企業名を手書きすることは皆無ではないでしょうか。表面に印刷された企業名の下部に差出人の個人名が手書きされている場合もあります。

　宛名は個人名が封筒のほぼ中央にくるように，住所，企業名，部署名，役職名，個人名をバランスよく配置します。部署宛であれば部署名が，企業宛であれば企業名が，封筒のほぼ中央になります。会社名，部署名は住所よりやや大きめに書きます。個人名は会社名より大きめに書きます。

横長仕様表面1

東洋商事株式会社
〒101-0021　千代田区外神田○丁目○番○○号
TEL 03-○○○○-○○○○（代）

横浜市中区桜木町○丁目○-○○
東都システム株式会社
開発部リーダー　大滝　謙治　様

2 3 1 0 0 6 2

横長仕様表面2

東洋商事株式会社
〒101-0021　千代田区外神田○丁目○番○○号
TEL 03-○○○○-○○○○（代）

231-0062
横浜市中区桜木町○丁目○-○○
東都システム株式会社
開発部 リーダー
大滝　謙治　様

横長仕様裏面1（縦入仕様）

※縦長仕様でも用いられている。

横長仕様裏面2（横入仕様）

縦長仕様表面1

```
231-0062
```

横浜市中区桜木町〇丁目〇-〇〇
東都システム株式会社
開発事業部 リーダー
大滝 謙治 様

大和物産

大和物産株式会社
〒112-0003 文京区春日〇丁目〇〇-〇
TEL 03-〇〇〇〇-〇〇〇〇 (代)

縦長仕様表面2

```
231-0062
```

横浜市中区桜木町〇丁目〇-〇〇
東都システム株式会社
開発事業部 リーダー
大滝 謙治 様

大和物産

大和物産株式会社
〒112-0003 文京区春日〇丁目〇〇-〇
TEL 03-〇〇〇〇-〇〇〇〇 (代)

縦長仕様表面3　　　　　　　縦長仕様裏面

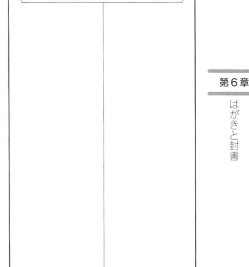

※横長仕様でも用いられている。

② 洋形1号

　カード紙の挨拶状，招待状，礼状などは，洋形1号の封筒を使用します。カードが縦書きであれば封筒も縦書き，カードが横書きであれば封筒も横書きです。上質白カードの縦書きは健在ですが，グリーンティングカードの横書きも増えています。

　宛名の毛筆書きは少なくなり，毛筆体の印字が多くなってきました。グリーンティングカードの横書きでは，ラベルの使用も増えています。宛名の配置，文字の大きさは，長形3号と同様です。

　裏面は，差出人の住所，会社名，部署名，役職名，個人名が印刷されています。

縦書き仕様表面

縦書き仕様表面

〒101-0021 千代田区外神田〇丁目〇番〇号

東洋商事株式会社

代表取締役
大嶋　雄一郎　様

縦書き仕様裏面

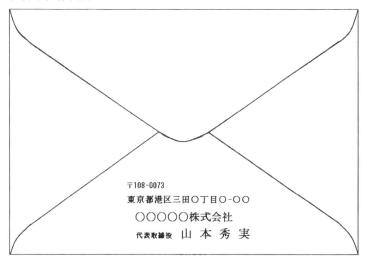

〒108-0073
東京都港区三田〇丁目〇-〇〇
〇〇〇〇〇株式会社
代表取締役　山本秀実

③ 返信用封筒

　受信者に何らかの回答を求めている依頼状や照会状は，返信用封筒を同封します。長形3号に同形の返信用封筒が同封されている場合は，多くは横三つ折りになっています。横三つ折りでついた線が，返信物を封入しにくくしていると感じることがあります（筆者だけかもしれませんが）。

　長形3号に長形6号の返信用封筒が同封されているとホッとします。折ることなく同封されているからです（「JISの封筒の種類および寸法」においても，長形6号はA4判三つ折り，返信用と書かれています）。（**コラム6－2**参照）。

　返信用封筒の裏面ですが，「差出人の住所，氏名」を記入する欄を印刷していないものが多くなりました。したがって，長形6号の返信用封筒は表面（横書き）のみを以下に示しておきます。

長形6号返信用封筒表面

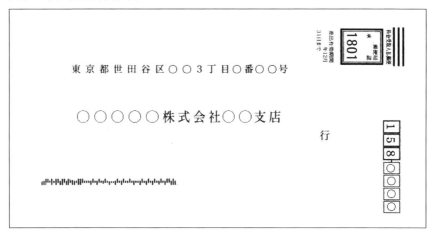

コラム 6-2

封筒の規格

「JIS S 5502：2010 封筒」における呼称（記号），定形および定形外の別ならびに寸法による分類は，下記の図表のとおりです（日本工業標準調査会(2010)）。

図表 封筒の種類および寸法

種類		定形,定形外の別	寸法 幅×長さ(mm)	適合する内容物（参考）
呼称	記号			
長形2号	N2	定形外	119×277	B5判縦二つ折り，A4判横三つ折り
長形3号	N3	定形	120×235	国際判便せん横三つ折り，A4判横三つ折り
長形4号	N4		90×205	色紙判便せん横三つ折り，B5判横三つ折り
長形40号	N40		90×225	A4判横四つ折り
長形6号	N6		110×220	A4判横三つ折り，返信用
角形0号	K0	定形外	287×382	B4判
角形2号	K2		240×332	A4判
角形20号	K20		229×324	A4判
角形3号	K3		216×277	B5判，書籍雑誌
角形4号	K4		197×267	B5判
角形5号	K5		190×240	A5判，書籍雑誌
角形6号	K6		162×229	A5判
角形7号	K7		142×205	B6判，B4判縦横四つ折り
角形8号	K8		119×197	給料
洋形1号	Y1	定形	176×120	カード
洋形2号	Y2		162×114	A4判縦横四つ折り，はがき
洋形4号	Y4		235×105	A4判横三つ折り
洋形6号	Y6		190× 98	B5判横三つ折り

第7章

文書関連知識

本章では,ビジネス文書(社外文書)を構成する要素,忌み言葉,社印についてみておきます。

1. ビジネス文書(社外文書)を構成する要素

ビジネス文書(社外文書)の構成要素のうち,以下のものについてみていきます。

頭語 (1)
前文 ─┬─ 時候の挨拶 (2)
      ├─ 安否の挨拶(繁栄や健康を喜ぶ挨拶) (3)
      └─ 感謝の挨拶 (4)

主文 ─┬─ 主文起辞 (5)
      └─ 主文 (6)

末文 (7)
結語 (1)

(1) 頭語と結語

頭語は社外文書の書き出しのことば,結語は同結びのことばです。頭語と結

語は対で用いますので，頭語が決まれば，結語も決まります。ビジネスで送受信されている文書で使用されている頭語と結語を挙げておきます（**図表7－1**）。

図表7－1 頭語と結語

	頭語	結語
通常の場合	拝啓	敬具
丁寧な場合	謹啓	敬白，敬具
前文を略す場合	前略	草々
急ぎの場合	急啓	草々，敬具
再信の場合	再啓	敬具
返信の場合	拝復	敬具

コラム7－1

印章，判，印判，判子，印顆，印形，印，印鑑，印影

「判子」を表す言葉が種々ありますので，みておくことにしましょう。

「印章」は，「印。判。はんこ」です（新村（2018）p.229）。

「判」には，「印鑑」という意味があります（新村（2018）p.2407）。

ハンコウ（版行）が転じたのが，「判子」で，「印形。印判。判。認め印」（新村（2018）p.2412）のことです。版行には，「印形。はんこ」（新村（2018）p.2412）という意味もあります。

「印顆」は，「印。印章。印判。判」のことです（新村（2018）p.226）。

「印形」には，①印，印判と，②押した印の形という意味があります（新村（2018）p.227）。

「印」とは，「木・牙・角・水晶・石・金などに文字などを彫刻し，文書・書画に押して証明とするもの。判」（新村（2018）p.225）のことです。

「印判」は，「印章。印形。印」です（新村（2018）p.234）。

「印鑑」には，①あらかじめ市町村長や銀行その他の取引先になどに提出しておく特定の印影と，②印，印章，判という意味があります（新村（2018）pp.226-227）。

「印影」は，「紙などに捺された印のあと」です（新村（2018）p.226）。

(2) 時候の挨拶

頭語の後，一字分空けて，時候の挨拶を書きます。社外文書で使用される時候の挨拶のほとんどが，伝統的な簡略表現（発信する月によって，「早春」，「初夏」，「初秋」，「初冬」といった語に「の候」と続け，その後に「安否の挨拶をデザインして一文とする」）です。それを踏まえて，伝統的な簡略表現のみを取り上げておきます（**図表7－2**）。

取引文書の多くは，季節を限定しない「時下」が用いられています。伝統的簡略表現の時候の挨拶は，そのほとんどが社交文書で用いられています。

図表7－2　時候の挨拶

1月 （睦月）	年賀の時期は，初春の候，新春の候，迎春の候 厳寒の候，寒風の候，寒冷の候，厳冬の候，酷寒の候，大寒の候
2月 （如月）	晩冬の候，残冬の候，残寒の候，余寒の候，春寒の候，残雪の候，向春の候
3月 （弥生）	早春の候，春風の候，春色の候，春陽の候，盛春の候，猛春の候，仲春の候
4月 （卯月）	春暖の候，春日の候，陽春の候，春和の候，麗春の候，桜花の候，穀雨の候
5月 （皐月）	晩春の候，残春の候，新緑の候，若葉の候，薫風の候，軽暑の候，微暑の候
6月 （水無月）	入梅の候，梅雨の候，梅雨寒の候，初夏の候，麦秋の候，向暑の候，薄暑の候
7月 （文月）	盛夏の候，仲夏の候，酷暑の候，猛暑の候，炎暑の候，烈暑の候，厳暑の候
8月 （葉月）	残暑の候，残夏の候，晩夏の候，暮夏の候，早涼の候，新涼の候，立秋の候
9月 （長月）	初秋の候，新秋の候，早秋の候，爽秋の候，涼風の候，秋涼の候，秋色の候
10月 （神無月）	秋冷の候，秋晴の候，仲秋の候，錦秋の候，菊花の候，涼寒の候，寒露の候
11月 （霜月）	晩秋の候，深秋の候，暮秋の候，夜寒の候，向寒の候，残菊の候，初霜の候
12月 （師走）	初冬の候，歳晩の候，霜寒の候，猛冬の候，霜寒の候，歳末の候，師走の候
季節を限定しない場合	時下

(3) 安否の挨拶

　時候の挨拶に続いて，または時候の挨拶を記すことなく，頭語の後，一字分空けて，安否の挨拶（繁栄や健康を喜ぶ挨拶）をデザインします。受信者との関係や状況に応じて，「1～5」を適切に組み合わせます（**図表7－3**）。

　なお，時候の挨拶の後，「1」を記さずに，「2～5」を組み合わせることもあります。

図表7－3　安否の挨拶

1	2	3	4	5
貴社 貴行 貴店 貴会 貴省／貴庁 貴校／貴学 各位（には） 皆さま（には） 先生（には）	ますます	ご隆盛 ご発展 ご隆昌 ご盛栄 ご健勝 ご清祥 ご清勝 ご清栄 ご壮健	のことと の段 の由	お喜び申し上げます 大慶に存じます

(4) 感謝の挨拶

　安否の挨拶に続いて，感謝の挨拶をデザインします。感謝の挨拶を省略して，安否の挨拶の後，用件に入っていく場合もあります。また，安否の挨拶を省略して，頭語の後，一字分空けて，感謝の挨拶をデザインする場合もあります。受信者との関係や状況に応じて，「1～6」を適切に組み合わせます（**図表7－4**）。

図表7-4 感謝の挨拶

1	2	3	4	5	6
日頃は 平素は 毎々 毎度 常々 いつも このたびは	格別の 格段の 特別の 何かと 多大な ひとかたならぬ	ご愛顧 ご厚誼 ご厚情 ご芳情 ご高配 ご懇情 ご用命 お引き立て	を賜り をいただき にあずかり	厚く 深く 誠に 心から 心より 謹んで 衷心より	お礼申し上げます 感謝申し上げます 感謝いたしております 深謝申し上げます 深謝いたしております ありがとうございます

(5) 主文起辞

主文を書き始めるにあたり，受信者にその旨を伝えるために冒頭で用いるのが，主文起辞（**図表7-5**）です。

図表7-5 主文起辞

```
さて
ところで
さて，突然ではございますが
(さて,) このたび（は）
(さて,) 承りますれば
(さて,) 早速ですが
(さて,) ○○月日○○付け，貴○○○○○○にて
(さて,) ○○月日○○付け，貴信（○○○○○○）にて
(さて,) ○○月日○○付け，貴信（○○○○○○）拝受いたしました
(さて,) ○○月日○○付け，貴信（○○○○○○）に対しまして，ご返事申し上げます
(さて,) 貴信（○○○○○○）によりますと
```

(6) 主 文

主文起辞を受けて，主文に入ります。主文の例は，「第5章3節「文例」」で文書ごとの確認になりますので，ここでは割愛します。

(7) 末 文

文書を締めくくる挨拶です。さまざまな表現があります。ここでは，取引文書（**図表７－６**）と社交文書（**図表７－７**）とに分けて示しておきます。

図表７－６ 末文（取引文書）

通知状	まずは（取り急ぎ，書中をもってご通知（お知らせ）申し上げます （まずは）取り急ぎ，書中をもってご通知（お知らせ）申し上げます 取り急ぎ，ご一報申し上げます 取り急ぎ，ご通知（お知らせ）まで 下記のとおり，ご通知（お知らせ）申し上げます
依頼状	事情ご賢察の上，ご了承賜りますよう（ご了承くださいますよう）お願い申し上げます 引き続きお引き立てを賜りますようお願い申し上げます ご送付くださいますようお願い申し上げます 取り急ぎ，ご依頼（お願い）申し上げます 何とぞ，ご高配のほどお願い申し上げます
申込状	ご回答のほど，よろしくお願い申し上げます ご検討くださいますようお願い申し上げます なお，当社の希望条件は下記のとおりでございます ご検討の上，諾否をお示しくださいますようお願い申し上げます まずは，（○○○○○○の）お申し込みまで
注文状	折り返し，ご一報くださいますようお願い申し上げます ○○月○○日までにご返事くださいますようお願い申し上げます (別紙注文書のとおり注文いたしますので，) ご手配のほどよろしくお願い申し上げます 納期厳守で，納入くださいますようお願い申し上げます （まずは）取り急ぎ，（○○○○○○の）ご注文まで
照会状	（まずは）取り急ぎ，（書中をもって）ご照会申し上げます 取り急ぎ，ご照会かたがたお願い申し上げます （まずは）取り急ぎ，着荷のお知らせと数量不足のご照会まで ○○月○○日までに○○○○○○をご返送くださいますようお願い申し上げます 取り急ぎご照会まで
回答状	（まずは）取り急ぎ，ご回答申し上げます （まずは）取り急ぎ，お詫びかたがた発送のご連絡まで （まずは）取り急ぎ，お願いかたがたご回答まで ご回答内容につきましては，厳秘のほどお願い申し上げます （まずは）取り急ぎ，ご回答まで

承諾状	（まずは）取り急ぎ，書中をもってご返事申し上げます （まずは）取り急ぎ，お礼かたがたご回答申し上げます （まずは）取り急ぎ，お礼かたがたご返事申し上げます （まずは）取り急ぎ，ご回答申し上げます （まずは）取り急ぎ，承諾のご返事まで まずは，注文のお礼かたがた受注承諾のご返事まで
謝絶状 （断り状）	申し訳ございませんが，事情ご賢察の上，ご了承のほどお願い申し上げます 申し訳ございませんが，事情ご賢察の上，ご容赦賜りますようお願い申し上げます まずは，お詫びかたがたご返事申し上げます 事情ご賢察の上，悪しからずご寛容のほどお願い申し上げます まずは，ご返事申し上げます
督促状	至急ご入金（ご送金，お支払い）くださいますようお願い申し上げます 至急ご回答くださいますようお願い申し上げます （事情ご賢察の上，）何とぞ誠意あるご高配を賜りますようお願い申し上げます あらかじめご了承いただきたいと存じます あらかじめご通知申し上げます
抗議状 （苦情状）	しかるべき善処をお願い申し上げる次第でございます すみやかな対処をお願い申し上げる次第でございます （至急，）誠意あるご回答をお待ちしております まずは，書中をもってお知らせ申し上げます 取り急ぎ，お願いまで
詫状	（まずは）取り急ぎ，書中をもって，お詫びかたがたご回答申し上げます （まずは）取り急ぎ，書中をもってお詫び申し上げます （まずは）取り急ぎ，お詫びかたがたお願いまで （まずは）取り急ぎ，お詫びかたがた発送のご連絡まで まずは，お詫び申し上げます

図表7－7 末文（社交文書）

挨拶状	（まずは）略儀ながら，書中をもって（謹んで）ご挨拶申し上げます （まずは）略儀ながら，書中をもってお礼かたがたご挨拶申し上げます まずは，担当交代のご挨拶まで 何とぞ，末永くご指導を賜りますようお願い申し上げます 今後とも，ご指導ご鞭撻のほどよろしくお願い申し上げます
案内状	まずは，ご案内かたがたご挨拶申し上げます ご多用中とは存じますが，ぜひご出席くださいますようお願い申し上げます ご多用の折，誠に恐縮ではございますが，ぜひご出席くださいますようお願い申し上げます ご多用な時節ではございますが，皆さまの積極的なご参加をお待ち申し上げております ぜひご来場くださいますようご案内申し上げます まずは，ご案内まで

招待状	ご多用のところ，恐縮ではございますが，ご来臨（の栄）を賜りますようお願い申し上げます ご多用中恐縮ではございますが，ご来臨（の栄）を賜りたくご案内申し上げます ご多用中恐縮ではございますが，ご来臨くださいますようお願い申し上げます ご多用のことと存じますが，ご出席くださいますようお願い申し上げます
祝賀状	まずは書中をもって慶祝のご挨拶とさせていただきます （まずは）略儀ながら書中をもってお祝い申し上げます 本来ならば，拝顔の上お祝辞を申し上げるところでございますが，書面をもってお祝い申し上げます まずは，書中にて，ご招待くださいましたお礼と○○○○○のお祝いを申し上げます （当日は，喜んで出席させていただきますが，）まずはお祝いかたがた出席のご返事まで まずは，ご就任のお祝いまで
見舞状	（まずは）取り急ぎ，書中をもってお見舞い申し上げます 後日（近いうちに，近々）お見舞いに伺う予定でおりますが，まずは書面をもってお見舞い申し上げます （まずは）取り急ぎ，お見舞い申し上げます
弔慰状 （お悔み状）	早速，お悔やみに伺うべきところではございますが，明日から出張のため，不本意ながら書中をもってお悔やみ申し上げます 早速，ご弔問に伺うべきではございますが，何分にも遠地ゆえ，不本意ながら書中をもってご冥福をお祈り申し上げます 謹んでご冥福をお祈り申し上げます 心ばかりのご香典ですが，ご霊前にお供えくださいますようお願い申し上げます 心ばかりのものを同封いたしますので，よろしくお願い申し上げます なお，心ばかりのご香典を同封させていただきます
礼状	（まずは）略儀ながら，書中をもってお礼申し上げます 何とぞ，ごひいきのほどよろしくお願い申し上げます 何とぞ，倍旧のお引き立てを賜りますようお願い申し上げます 拝眉の上，ご挨拶を申し上げるところでございますが，書中をもってお礼申し上げます 貴社の一層のご発展を祈念いたしまして，お礼のご挨拶とさせていただきます 貴社の一層のご発展をお祈り申し上げ，お礼のご挨拶といたします 今後の一層のご発展をお祈り申し上げまして，○○周年のお祝辞とさせていただきます

紹介状	まずは,書中をもってご紹介申し上げます ぜひともご引見の上,ご高配を賜りますようお願い申し上げます つきましては,履歴書を同封いたしますので,ご引見のほどよろしくお願い申し上げます 履歴書を同封いたしますので,ご引見の上,ご高配を賜りますようお願い申し上げます
推薦状	つきましては,履歴書および業績書を同封いたしますので,ご引見の上,ご高配を賜りますようお願い申し上げます 履歴書を同封いたしますので,ご検討の上,ご引見のほどよろしくお願い申し上げます 会員にふさわしいと判断いたしましたので,○○○氏をご推薦申し上げます まずは,書中をもってご推薦申し上げます

コラム 7-2

「押印」と「捺印」

「押印」と「捺印」とは,違いがあるのでしょうか。『広辞苑〈第7版〉』では「押印」は,「印判を押すこと。捺印」(新村(2018)p.362)と説明されています。同書で「捺印」は,「印判をおすこと。また,おした印。押印」とあります。

「押印」も「印判を押すこと」,「捺印」も「印判をおすこと」と同じ意味で使われますが,押印には,「おした印」という意味はありません。「捺印」の「おした印」という意味は,「印影」の「紙などに捺された印のあと」とほぼ同じ意味と言えるでしょう。「印影」は,「押された」ではなく「捺された」であることからも,それが言えるのではないでしょうか。

なお,「押捺」という言葉もあります。意味は「印判などをおすこと」(新村(2018)p.369)です。

最近,「捺印」より「押印」が使われることが多くなっています。「捺」が常用漢字ではないからでしょうか。『広辞苑〈第7版〉』においても,「捺印」の説明では「おす」がひらがな表示に,印影の説明では「捺された」と漢字表示になっています。この点も,「捺」が常用漢字ではないことに起因しているのではないかと思われます。それは,広辞苑といえども,編集において,統一しきれていない点があるということではないでしょうか。

2．社印（会社の印章）

社印の種類，調製，登録，使用およびその他の事項を定め，印章の管理を確実に行うために，印章管理規程，社印管理規程などといった規程があります。この規程に基づいて，社印の管理がなされています。

(1) 印章の種類

会社で使用する印章は，前述のように規程で定められています。したがって，印章の種類は会社によって異なりますが，通常は，代表者印（実印），役職者印，銀行印，会社印，部門印などがあります。印章管理規程（別表）で示されている印鑑の種類に関して，例を示しておきます（**図表7－8**）。

「商業登記規則」第9条第3項「印鑑の大きさは，辺の長さが1センチメートルの正方形に収まるもの又は辺の長さが3センチメートルの正方形に収まらないものであつてはならない」で定められている範囲内が，印章の寸法となります。

図表7－8　印章の種類

印　章	規　格		用　　途　　等
	形状	寸法	
代表者印	丸型	直径18mm	代表社印として法務局に印鑑届をしている印章（実印），代表者の認め印（実印以外） 会社名で発する契約書，申請書，委任状，届出書，覚書，念書などに使用
役職者印	丸型	直径18mm	役職者名（「専務取締役之印」，「取締役営業部長之印」「総務部長之印」など）の刻まれた印章 役職者名義で発行する対外文書
銀行印	丸型	直径18mm	手形，小切手，その他金融機関との取引で届出印を必要とする書類
会社印	角型	直径24mm	会社名で発するほとんどの対外文書
部門印	角型	直径24mm	部門名（「総務部」，「営業部」など）で発するほとんどの対外文書

(2) 印章のおし方

　会社の文書では，角型印，丸形印の2種類の印章が使用されます。角型印のみ，または丸形印のみを使用する場合，角型印と丸形印とを使用する場合があります。

① 角型印のみを使用

会社印

〒107-0061 東京都港区北青山二丁目 1-15

　　東 日 本 商 事 株 式 会 社
　　　代表取締役社長 山 上 幸 次 郎

部門印

〒107-0061 東京都港区北青山二丁目 1-15

　　東 日 本 商 事 株 式 会 社
　　　取締役営業部長 山 上 幸 三 郎

② 丸型印のみを使用

代表社印（実印，認印）

〒107-0061 東京都港区北青山二丁目 1-15

　　東 日 本 商 事 株 式 会 社
　　　代表取締役社長 山 上 幸 次 郎

役職者印（認め印）

〒107-0061 東京都港区北青山二丁目1-15

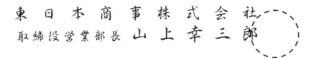

③ **角型印と丸形印とを使用**

会社印と代表社印（実印，認印）

〒107-0061 東京都港区北青山二丁目1-15

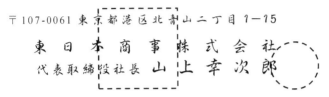

部門印と役職者印（認印）

〒107-0061 東京都港区北青山二丁目1-15

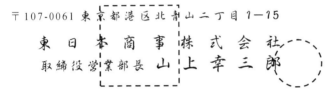

(3) 契印と割印

　「複数から成る同一書類の継ぎ目にまたがらせて捺し，その連接していることを証する印」（新村（2018）p.892）が契印です。袋とじにすれば，契印は表面か裏面どちらか一方の帯と表紙の間のみとなります。表面と裏面と契印されているものを見かけることがありますが，両面に捺す必要はありません。契印は該当文書の名義人の印章を使用します。

　「2枚の書面にまたがるように1個の印を捺すこと。また，その印」（新村（2018）p.3175）が割印です。「原本」と「控え」のように独立した各文書が相互に関連していること，同時に作成されたことを証します。独立した各文書を少しずらして重ね合わせ，各文書の重ね合わせた部分をまたぐように捺します。

一般的には，㊜印で割印します。重要文書は，該当文書の名義人の印章で割印します。

契印（袋とじ 裏表紙）

契印（継ぎ目）

割　印

該当名義人の印章で割印された例
原本の割印（該当名義人の印章の下部）

控えの割印（該当名義人の印章の上部）

(4)　訂正印と捨印

　「書類の誤りを訂正する箇所におす，訂正者を示すための印影」（新村（2018）p.1984）が訂正印です。重要文書のごく一部を「削除」，「追加」，「訂正」する場合に，訂正印を押します。訂正印は，該当文書の名義人の印章を使用します。
　文字を削除する場合は，削除箇所を二重線で消します。横書きは二重線の上，縦書きは二重線の右側に訂正印を押し，そのすぐ近くに削除内容を記します。行間が狭く，訂正印が押せない，文字が書けない，といった場合は，欄外余白に印を押し，修正内容を記します。この場合，後に無断で訂正されてしまう危険性もありますので，削除箇所が何行目かも記しておくとよいでしょう。
　文字を追加する場合は，文字を追加する箇所に「∨」，「＜」などの記号を挿入し，追加する文字の位置がわかるようにして，文字を記します。加入文字数を記したり，訂正印を押したりする箇所は，削除の場合と同様です。
　文字を訂正する場合は，訂正箇所を二重線で消します。横書きの場合はその上に，縦書きの場合はその右に訂正後の文字を記します。削除文字数と加入文

字数とを記したり，訂正印を押したりする箇所は，削除の場合と同様です。

　なお，訂正印に関しては，「商業登記規制」と「不動産登記規制」において，次のように定められています。「書面につき文字の訂正，加入又は削除をしたときは，その旨及びその字数を欄外に記載し，又は訂正，加入若しくは削除をした文字に括弧その他の記号を付して，その範囲を明らかにし，かつ，当該字数を記載した部分又は当該記号を付した部分に押印しなければならない。この場合において，訂正又は削除をした文字は，なお読むことができるようにしておかなければならない」（商業登記規則第48条3項，不動産登記規則第45条2項）。

　「証書などで，訂正を予期して欄外に押しておく印」（新村（2018）p.1570）が捨印です。捨印を押すことは，文書の内容修正を確認なしで認めますという意思表示になり，悪用される危険性もあります。安易に捨印を押すのではなく，訂正が生じた場合に，訂正印を押すようにしましょう。

訂正印

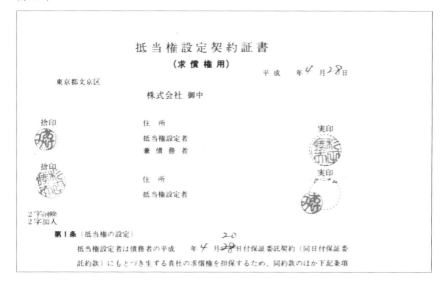

捨　印

(5) 消　印

　消印は,「消したしるしに押す印」(新村 (2018) p.914) です。商取引では収入印紙と文書とにまたがって押す印です。「課税文書に印紙をはり付ける場合には, 政令で定めるところにより, 当該課税文書と印紙の彩紋とにかけ, 判明に印紙を消さなければならない」(印紙税法第8条第2項) と定められています。

> **コラム 7-3**
>
> **署名と記名押印, 署名と記名捺印**
>
> 　署名とは,「文書に自分の姓名を書きしるすこと。また, その書きしるしたもの。サイン」(新村 (2018) p.1477) です。筆跡は人それぞれ違いがあります。筆跡鑑定を行えば, 文書の筆跡が当事者のものか否かが確認できるため, 信憑性のある証明とされています。
>
> 　「署名」に対し,「記名押印」や「記名捺印」は, 記名と印判をおすことです。文書の名義人が, 自署以外の方法 (姓名の記名判—木彫印, ゴム印など) で, 自分の氏名を記載するのが記名です。
>
> 　記名＝署名ではありません。しかし, 商法第32条では「この法律の規定により署名すべき場合には, 記名押印をもって, 署名に代えることができる」と規定されています。また, 手形法第82条, 小切手法第67条では「本法ニ於テ署名トアルハ記名捺印ヲ含ム」と規定されています。
>
> 　法律では,「署名＝記名押印」, または「署名＝記名捺印」です。署名であれば, 印判をおす必要はないと解せますが, ビジネス現場の通例は, 署名であっても印判をおしています。

「印紙を消す場合には，自己又はその代理人（法人の代表者を含む），使用人その他の従業者の印章又は署名で消さなければならない」（印紙税法施行令第5条）とされています。また，「令第5条《印紙を消す方法》に規定する「印章」には，通常判といわれるもののほか，氏名，名称等を表示した日付印，役職名，名称等を表示した印を含むものとする」（印紙税法基本通達第65条）とあります。

「2以上の者が共同して作成した課税文書にはり付けた印紙を法第8条《印紙による納付等》第2項の規定により消す場合には，作成者のうちの一の者が消すこととしても差し支えない」（印紙税法基本通達第64条）とあり，全員が消印することを求めていません。

消　印

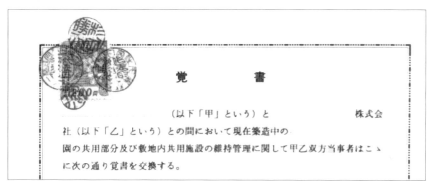

(6) 社印の管理

「印章管理規程，社印管理規程といった規程に基づいて，社印の管理がなされている」ことを本章の冒頭で述べておきました。ここでは，「印章の調整」，「印章の登録」，「押印手続き」についての例をみておきます（**図表7－9**）。

図表7－9 印章の調整，印章の登録，押印手続き（例）

印章の調整	調製	印章を調整（新規調整（含：改印），摩耗による再調整など）する必要が生じたときは，申請書に必要事項を明記し，承認を得て行う
	廃棄	使用を中止した印章，改印，摩耗によって不要になった印章は回収 回収後は一定期間（規程に書かれている期間，Ex.2年間）保管し，廃棄処分
印章の登録		作製，再作製した印章は，印章登録簿に登録
押印手続き		定められた手続き（Ex.押印申請書に必要事項を明記，押印する文書を添付）により，印章管理責任者に提出する 適当と認めたときは，印章管理責任者が押印する

3．忌言葉，忌詞

「不吉な意味や連想をもつところから，忌みはばかって使用を避ける語」（新村（2018）p.209）が，忌言葉です。ビジネス文書での忌言葉をみておきます。

(1) 忌言葉とは

慶事を祝する場面では，不吉な意味や連想をもつ言葉や数字が忌言葉になります。災害，病気，怪我を見舞ったり，弔事に哀悼の意を表したりする場面では，不吉な意味や連想をもつ言葉や数字，不幸や災いが重なることを連想させる重ね言葉が忌言葉になります。

不吉な意味や連想をもつ言葉や数字，不幸や災いが重なることを連想させる重ね言葉を示しておきます（**図表7－10**）。

図表7－10 不吉な意味や連想をもつ言葉や数字，不幸や災いが重なることを連想させる重ね言葉

不吉な意味や連想をもつ	言葉	別れる，切れる，去る，消える，やめる，終る，失う，崩れる，壊れる　など
	数字	四（＝死），九（＝苦）　など
不幸や災いが重なることを連想させる重ね言葉		重ね重ね，またまた，たびたび，かえすがえす，くれぐれも，いよいよ　など

(2) 文書別忌言葉

(1)では、不吉な意味や連想をもつ言葉や数字、不幸や災いが重なることを連想させる重ね言葉を示しました。本項では、文書別に忌言葉を見ていきます。

① 祝賀状

慶事に際し、当事者とともに喜びを分かち合い、信頼関係をさらに強めるための祝賀状における忌言葉を以下に示します（**図表7－11**）。

図表7－11　祝賀状における忌言葉

	忌言葉	連想させるもの
開業、開設	傾く、倒れる、閉じる、負ける、失う、つぶれる、さびれる　など	経営不信、倒産、閉店　など
新社屋落成	火、燃える、焼ける、煙、傾く、倒れる、壊れる、流れる　など	火事、建物が傾く、倒壊、水害　など
昇進、栄転	流れる、崩れる、終る、取り消し、消える、壊れる、落ちる、やめる、失う、中止、変更　など	昇進や栄転の話が流れる、決定事項の取り消し、決定事項の変更、昇進などの中止　など
結婚	流れる、戻る、短い、去る、帰る、出る、終る、別れる、切れる、破れる、冷える、飽きる、捨てる、繰り返す、重ね重ね、再び、近々、またまた　など	破談、実家に戻る、別れ、別居、離婚、結婚生活の終り、関係が冷める、結婚を繰り返す　など
懐妊、出産	落ちる、流れる、破れる、失う、壊れる、死ぬ、苦しむ、四（＝死）、九（＝苦）　など	流産、死産、難産　など

② 見舞状

災害、病気、事故などに対して、痛みを分かち合い、当事者を慰め元気づける見舞状における忌言葉を以下に示します（**図表7－12**）。

図表7−12 見舞状における忌言葉

	忌言葉	連想させるもの
災害，病気，怪我	衰える，弱る，枯れる，重なる，続く，終る，消える，落ちる，苦しむ，折れる，再び，またまた，たびたび，四（＝死），九（＝苦）　など	病気や怪我の悪化，病気や怪我や災害で苦しむ，病気や怪我から死に至る，病気や怪我や災害が重なる，病気や怪我や災害が繰り返される　など

③ 弔慰状（お悔み状）

　訃報を受け，通夜や告別式に参加できない場合，故人に哀悼の意を表し，残された人を励ましいたわる弔慰状における忌言葉を以下に示します（**図表7−13**）。

図表7−13 弔慰状における忌言葉

	忌言葉	連想させるもの
哀悼，弔慰	重ね重ね，たびたび，ますます，いよいよ，くれぐれ，またまた，かえすがえす，続く，再び，死ぬ，死亡，死去，急死，四（＝死），九（＝苦）　など	不幸が重なる，不幸がくり返される，直接死を表現し遺族の悲しみを深くさせる　など

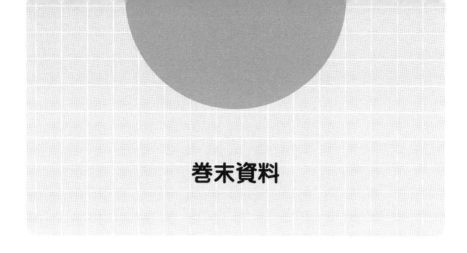

巻末資料

示し方は原文と異なっております。現状を鑑みて書き換えをした箇所や割愛をした箇所があります。

1. 公用文における漢字使用等について

2010年11月30日付け内閣告示第2号をもって,「常用漢字表」が制定されたのに伴い,同日付けで内閣訓令第1号として「公用文における漢字使用等について」が定められました。

(1) 漢字使用について

公用文における漢字使用は,「常用漢字表(2010年内閣告示第2号)の本表および付表(含:表の見方および使い方)によるものとする」と記されています。また,字体は,「通用字体を用いるものとする」と示されています。

資料-1 「常用漢字表」(本表)の音訓で語を書き表すにあたっての留意事項

原則漢字で書く代名詞【例】	俺 彼 誰 何 僕 私 我々
原則漢字で書く副詞および連体詞【例】	副詞 余り 至って 大いに 恐らく 概して 必ず 必ずしも 辛うじて 極めて 殊に 更に 実に 少なくとも 少し 既に 全て 切に 大して 絶えず 互いに 直ちに 例えば 次いで 努めて 常に 特に 突然 初めて 果たして 甚だ 再び 全く 無論 最も 専ら 僅か

		割に ※原則仮名で書く 　かなり　ふと　やはり　よほど 連体詞 　明くる　大きな　来る　去る　小さな　我が（国）
接頭語 漢字か，仮名か【例】		接頭語が付く語が漢字→原則として漢字 　御案内（御＋案内）　御挨拶（御＋挨拶） 接頭語が付く語が仮名→原則として仮名 　ごもっとも（ご＋もっとも）
原則仮名で書く接尾語【例】		げ（惜しげもなく）　ども（私ども）　ぶる（偉ぶる） み（弱み）　め（少なめ）
原則仮名で書く接続詞【例】		おって　かつ　したがって　ただし　については　ところが ところで　また　ゆえに ※原則漢字で書く4語 　及び　並びに　又は　若しくは
助動詞および助詞は仮名 【例】		ない（現地には，行かない） ようだ（それ以外に方法がないようだ） ぐらい（二十歳ぐらいの人） だけ（調査しただけである） ほど（三日ほど経過した）
（　）内に示したように用いるとき，原則仮名で書く語句【例】		ある（その点に問題がある） いる（ここに関係者がいる） こと（許可しないことがある） できる（だれでも利用ができる） とおり（次のとおりである） とき（事故のときは連絡する） ところ（現在のところ差し支えない） とも（説明するとともに意見を聞く） ない（欠点がない） なる（合計すると１万円になる） ほか（そのほか…，特別の場合を除くほか…） もの（正しいものと認める） ゆえ（一部の反対ゆえにはかどらない） わけ（賛成するわけにはいかない） …かもしれない（間違いかもしれない） …てあげる（図書を貸してあげる） …ていく（負担が増えていく） …ていただく（報告していただく） …ておく（通知しておく） …てください（問題点を話してください） …てくる（寒くなってくる） …てしまう（書いてしまう） …てみる（見てみる） …てよい（連絡してよい）

	…にすぎない（調査だけ<u>にすぎない</u>） …について（これ<u>について</u>考慮する）

(2) 送り仮名の付け方について

資料－2 送り仮名の付け方

| 原則 | 「送り仮名の付け方」（1973年内閣告示第2号）の本文の通則1～通則6の「本則」・「例外」，通則7および「付表の語」（除：「送り仮名を送る」のなお書き）による。ただし，複合の語（除：「送り仮名の付け方」の本文の通則7を適用する語）のうち，活用のない語であって読み間違えるおそれのない語については，「送り仮名の付け方」の本文の通則6の「許容」を適用して送り仮名を省く。なお，これに該当する語は，次のとおり
　明渡し　預り金　言渡し　入替え　植付け　魚釣用具　受入れ
　受皿　受持ち　受渡し　渦巻　打合せ　打合せ会　打切り　内払
　移替え　埋立て　売上げ　売惜しみ　売出し　売場　売払い　売渡し
　売行き　縁組　追越し　置場　贈物　帯留　折詰　買上げ　買入れ
　買受け　買換え　買占め　買取り　買戻し　買物　書換え　格付　掛金
　貸切り　貸金　貸越し　貸倒れ　貸出し　貸付け　借入れ　借受け
　借換え　刈取り　缶切　期限付　切上げ　切替え　切下げ　切捨て
　切土　切取り　切離し　靴下留　組合せ　組入れ　組替え　組立て
　くみ取便所　繰上げ　繰入れ　繰替え　繰越し　繰下げ　繰延べ
　繰戻し　差押え　差止め　差引き　差戻し　砂糖漬　下請　締切り
　条件付　仕分　据置き　据付け　捨場　座込み　栓抜　備置き　備付け
　染物　田植　立会い　立入り　立替え　立札　月掛　付添い　月払
　積卸し　積替え　積込み　積出し　積立て　積付け　釣合い　釣鐘
　釣銭　釣針　手続　問合せ　届出　取上げ　取扱い　取卸し　取替え
　取決め　取崩し　取消し　取壊し　取下げ　取締り　取調べ　取立て
　取次ぎ　取付け　取戻し　投売り　抜取り　飲物　乗換え　乗組み
　話合い　払込み　払下げ　払出し　払戻し　払渡し　払渡済み　貼付け
　引上げ　引揚げ　引受け　引起し　引換え　引込み　引下げ　引締め
　引継ぎ　引取り　引渡し　日雇　歩留り　船着場　不払　賦払
　振出し　前払　巻付け　巻取り　見合せ　見積り　見習　未払　申合せ
　申合せ事項　申入れ　申込み　申立て　申出　持家　持込み　持分
　元請　戻入れ　催物　盛土　焼付け　雇入れ　雇主　譲受け　譲渡し
　呼出し　読替え　割当て　割増し　割戻し |
| 原則にかかわらず必要と認める場合 | 「送り仮名の付け方」の本文の通則2，通則4および通則6（除：「原則」のただし書の適用がある場合）の「許容」ならびに「付表の語」の「送り仮名を送る」のなお書きを適用して差し支えない |

2．公用文作成の要領

「公用文作成の要領」（1952年4月4日付け，内閣閣甲第16号）は，1986年「現代仮名遣い」，2010年「常用漢字表」が内閣告示されたため，読み替えや省略の措置を講じました。

第1　用字用語について

(1)　用語について

資料－3　用　語

やさしいことば	特殊なことばを用いたり，かたくるしいことばを用いることをやめて，日常一般に使われているやさしいことばを用いる たとえば 　稟請→申請　措置→処置・取り扱い　救援する→救う 　懇請する→お願いする 　一環として→一つとして　充当する→あてる　即応した→かなった
使いなれていることば	使い方の古いことばを使わず，日常使いなれていることばを用いる たとえば 　牙保→周旋・あっせん　彩紋→模様・色模様
口調のよいことば	言いにくいことばを使わず，口調のよいことばを用いる たとえば 　拒否する→受け入れない　はばむ→さまたげる
耳で聞いて意味のすぐわかることば	音読することばはなるべくさけ，耳で聞いて意味のすぐわかることばを用いる たとえば 　橋梁→橋　塵埃→ほこり　眼瞼→まぶた 　充填する→うめる・つめる 　堅持する→かたく守る　陳述する→のべる
音読することばで，意味の2様にとれるもの	音読することばで，意味の2様にとれるものは，なるべくさける たとえば 　協調する（強調する とまぎれるおそれがある）→歩調を合わせる 　勧奨する（干渉する）→すすめる　衷心（中心）→心から 　潜行する（先行する）→ひそむ 　出航（出講）→出帆・出発
むりのない略し方	漢語をいくつもつないでできている長いことばは，むりのない略し方をきめる たとえば

	経済安定本部→経本　中央連絡調整事務局→連調
同じ内容のもの	同じ内容のものを違ったことばで言い表すことのないように統一する たとえば 　提起・起訴・提訴　　口頭弁論・対審・公判

注：×印は常用漢字表にない漢字。

(2) 用字について

漢字は，常用漢字表によるものとします（**資料－4**）。

資料－4　漢　字

常用漢字表を使用するにあたって留意することがら	
かたかな書き （外国の地名・人名・外来語）	たとえば 　イタリア　スウェーデン　フランス　ロンドン　等 　エジソン　ヴィクトリア　等 　ガス　ガラス　ソーダ　ビール　ボート　マージャン 　マッチ　等
	ひらがなで書いてよい（外来語の意識のうすくなったもの） たとえば 　かるた　さらさ　たばこ　など
常用漢字表で認めている漢字は使用可（動植物の名称）	たとえば 　ねずみ　らくだ　いぐさ　からむし　等 　犬　牛　馬　桑　桜　等
常用漢字表で書き表せないものの書きかえ，言いかえ（言いかえをするとき：資料－3による）	
かな書き	たとえば 　佃煮→つくだ煮　艀→はしけ　見做す→みなす
	漢語（漢字をはずしても意味のとおる使いなれたもの） たとえば 　でんぷん　あっせん　等
	常用漢字表にはずれた漢字だけ（他によい言いかえがなく，または言いかえをしては不都合なもの） たとえば 　改竄→改ざん　口腔→口こう 読みにくければ，音読する語では，横に点をうってもよい（縦書きの場合）
書きかえ （常用漢字表中の，音が同じで意味の似た漢字）	たとえば 　車輌→車両　煽動→扇動　碇泊→停泊　編輯→編集 　抛棄→放棄　傭人→用人　聯合→連合　煉乳→練乳
言いかえ（同じ意味の漢語）	意味の似ている用い慣れたことば

	たとえば 　印顆→印形　改悛→改心
	新しいことばをくふう たとえば 　罹災救助金→災害救助金　剪除→切除　擾乱→騒乱 　溢水→出水　譴責→戒告　瀆職→汚職
漢語を言いかえ	やさしいことば たとえば 　庇護する→かばう　牴触する→ふれる 　漏洩する→漏らす　酩酊する→酔う　趾→あしゆび

注：×印は常用漢字表にない漢字。

　かなは，ひらがなを用いることとし，かたかなは特殊な場合に用いることとします。

注１．地名は，さしつかえのない限り，かな書きにしてもよい
　２．事務用書類には，さしつかえのない限り，人名をかな書きにしてもよい
　３．外国の地名・人名および外来語・外国語は，かたかな書きにする
　４．左横書きに用いるかなは，かたかなによることができる

(3)　地名の書き表し方について

　以下のことが示されています。

☑ 地名はさしつかえのない限り，かな書きにしてもよい
　地名をかな書きにするときは，現地の呼び名を基準とする。ただし，地方的ななまりは改める
☑ 地名をかな書きにするときは，現代仮名遣いを基準とする（含：ふりがなの場合）
☑ 特に，ジ・ヂ・ズ・ヅについては，区別の根拠のつけにくいものは，ジ・ズに統一する
☑ さしつかえのない限り，常用漢字表の通用字体を用いる。常用漢字表以外の漢字についても，常用漢字表の通用字体に準じた字体を用いてもよい

(4)　人名の書き表し方について

　以下のことが示されています。

- ☑ 人名もさしつかえのない限り，常用漢字表の通用字体を用いる
- ☐ 事務用書類には，さしつかえのない限り，人名をかな書きにしてもよい。人名をかな書きにするときは，現代仮名遣いを基準とする

第2　文体について

資料－5 文　体

公用文の文体	原則として「である」体を用いる ただし，公告・告示・掲示の類ならびに往復文書（含：通達・通知・供覧・回章・伺い・願い・届け・申請書・照会・回答・報告等）の類はなるべく「ます」体を用いる 注1．「だ，だろう，だった」の形は，「である，であろう，であった」の形にする 　2．「まするが，まするけれども」は，「ますが，ますけれども」とする。「ますれば，くださいませ（－まし）」の表現は用いない 　3．打ち消しの「ぬ」は，「ない」の形にする。「ん」は，「ません」のほかは用いない。「せねば」は，「しなければ」とする
文語脈の表現	なるべくやめて，平明なものとする 注1．口語化の例 　　　これが処理→その処理 　　　せられんことを→されるよう 　　　ごとく・ごとき→のような・のように 　　　進まんとする→進もうとする 　　　貴管下にして→貴管下で（あって） 　2．「おもなる・必要なる・平等なる」などの「なる」は，「な」とする。ただし，「いかなる」は用いてもよい 　3．「べき」は，「用いるべき手段」「考えるべき問題」「論ずべきではない」「注目すべき現象」のような場合には用いてもよい。「べく」「べし」の形は，どんな場合にも用いない。「べき」がサ行変格活用の動詞に続くときには，「するべき」としないで「すべき」とする 　4．漢語につづく「せられる，せさせる，せぬ」の形は，「される，させる，しない」とする。「せない，せなければ」を用いないで，「しない，しなければ」の形を用いる 　5．簡単な注記や表などの中では，「あり，なし，同じ」などを用いてもよい 　　　例　「配偶者…あり」 　　　　　「ムシバ…上1，下なし」 　　　　　「現住所…本籍地に同じ」
文章を長くしない	文章はなるべくくぎって短くする。接続詞や接続助詞などを用いて文章を長くすることをさける
簡潔な，論理	文の飾り，あいまいなことば，まわりくどい表現は，できるだけやめる

的な文章	敬語についても，なるべく簡潔な表現とする 注１．時および場所の起点を示すには，「から」を用いて，「より」は用いない。「より」は，比較を示す場合にだけ用いる 　　　例　東京から京都まで 　　　　　　午後１時から始める 　　　　　　恐怖から解放される 　　　　　　長官から説明があった 注２．推量を表わすには「であろう」を用い，「う，よう」を用いない。「う，よう」は意思を表わす場合にだけ用いる 　　　例　役に立つであろう（推量） 　　　　　　そのように思われるであろうか（推量） 　　　　　　対等の関係に立とうとする（意思） 　　　　　　思われようとして（意思） 注３．並列の「と」は，まぎらわしいときには最後の語句にもつける 　　　例　横浜市と東京都の南部との間 注４．「ならば」の「ば」は略さない
標題	文書には，できるだけ，一見して内容の趣旨がわかるように，簡潔な標題をつける。また，「通達」「回答」のような，文書の性質を表わすことばをつける 　注　例　公団の性質に関する件→公団の性質について（依命通達） 　　　　　閣議付議事項の取り扱いについて→１月27日閣甲第19号第８項の責任者について（回答）
一読して理解しやすい文章	内容に応じ，なるべく箇条書きの方法をとりいれる

第３　書き方について

　執務能率を増進する目的をもって，書類の書き方について，次のことを実行するとあります（**資料－６**）。

3．主な用語用字について

　『公文書の書式と文例 4訂』の「用語用字について」（文部省編（1995）pp.3-6）には，「一般的な心構え」が，以下のように述べてあります。

☑ できるだけ，日常語を用いる，やむを得ない場合のほか，難しい言葉や専門用語を避ける
☑ 必要以上に外国語や特殊な術語を入れない

資料－6 書き方

左横書き	一定の猶予期間を定めて，なるべく広い範囲
左横書きに用いるかな	かたかなによることができる
左横書きの数字	特別の場合を除き，アラビア数字 注1．横書きの文書の中でも「一般に，一部分，一間（ひとま），三月（みつき）」のような場合には漢字を用いる 　　「100億，30万円」のような場合には，億・万を漢字で書くが，千・百は，たとえば「5千」「3百」としないで，「5,000」「300」と書く 注2．日付は，場合によっては，「昭和24.4.1」のように略記してもよい 注3．大きな数は，「5,000」「62,250円」のように三けたごとにコンマでくぎる
人名・件名の配列	アイウエオ順 注1．文の書き出しおよび行を改めたときには1字さげて書き出す 　2．句読点は，横書きでは「，」および「。」を用いる 　　事物を列挙するときには「・」（なかてん）を用いることができる 　3．同じ漢字をくりかえすときには「々」を用いる 　4．項目の細別は，たとえば次のような順序を用いる 　（横書きの場合）第1　1　(1)　ア　(ア) 　　　　　　　　第2　2　(2)　イ　(イ) 　　　　　　　　第3　3　(3)　ウ　(ウ) 　（縦書きの場合）第一　1　(一)　(1)　ア 　　　　　　　　第二　2　(二)　(2)　イ 　　　　　　　　第三　3　(三)　(3)　ウ
文章のあて名	たとえば「東京都知事殿」「文部大臣殿」のように官職名だけを書いて，個人名は省くことができる

その上で，「主な用語用字について」（**資料－7**）と「数の書き表し方」（**資料－8**）とが，具体的に書かれています。

資料－7 主な用語用字について

以上，以下，未満	「以上」と「以下」とは，その付属する数字などを含むけれども，「未満」はそれを含まない 例：18歳以上（18歳を含む）　主任以下（主任を含む） 　　18歳未満（17歳まで）
所，ところ	「所」は，具体的な場所を示す名詞として用い，「ところ」は，抽象的なところ，理由，原因を示す場合に用いる 例：家を建てる所を求める　踏切番を置くべき所である　所を得ない 　　見たところ　照会したところ，回答があった

物，者，もの	「物」は有体物について用い，「者」は人間について（法律では「法律上の人格を有するものの単数または複数に用いる」），また，「もの」は，「抽象的なもの」と「者と物を含むもの」に用いる 例：置き忘れた<u>物</u>がある　所持する<u>物</u>　<u>物</u>の出回り　自動車に積載する<u>物</u>の制限　最高裁判所の指名した<u>者</u>の名簿　将来これを受ける<u>者</u>の一代に限り……　かかる原理に基づく<u>もの</u>である　普遍的な<u>もの</u>である　正しい<u>もの</u>と認められる
こと，事	「こと」は，主として抽象的な内容を，「事」は，具体的な事柄を表すときに用いる 例：見る<u>こと</u>ができる　再び戦争の惨禍が起こる<u>こと</u>のないようにする<u>こと</u>を決意した　準備しておく<u>こと</u>　<u>事</u>柄　<u>事</u>を好む　目下研究している<u>事</u>を述べる
とき，時	「とき」は，条件，原因，理由その他広く「場合」という語と同じような意味のときに用いる。「時」は，時期，時刻の趣旨をはっきりさせるときに用いる 例：損害を受けた<u>とき</u>は，賠償を求めることができる 　　法令に別段の定めがある<u>とき</u>は，この限りではない 　　実行の<u>時</u>に適法であった行為 　　法律の定める年齢に達した<u>時</u>には退官する
から，より	「から」は，時と所の起点を示す場合に用い，「より」は，比較の基準を示すものとして用いる 例：東京<u>から</u>大阪まで　午後1時<u>から</u>始める　この法律は，公布の日<u>から</u>施行する　発駅<u>から</u>400キロ…　法制局長官<u>から</u>説明があった 　　浜松<u>より</u>遠くへ行く列車　公定価格<u>より</u>も安くなることはない
および，ならびに，または，もしくは	（aおよびb）ならびに（cおよびd） （aもしくはb）またはc 「および」「ならびに」……意味はほぼ等しいが，単一に用いるときは「および」を用い，並列される語句に段階のある複雑な文章では，大きな意味の併合的連結には「ならびに」を用い，小さな意味の併合的連結には「および」を用いる 例：本社<u>および</u>支社　本社，支社<u>および</u>営業所 　　教授，准教授<u>および</u>専任講師<u>ならびに</u>非常勤講師 「または」「もしくは」……意味はほぼ等しいが，単一に用いるときは「または」を用い，選択される語句に段階があるときは，大きい選択的連結には「または」を用い，小さい選択的連結には「もしくは」を用いる 例：本社<u>または</u>支社　金曜日，土曜日<u>または</u>日曜日 　　高速バス<u>もしくは</u>新幹線<u>または</u>飛行機

注：「例」は，筆者作成のものを含む。

資料－8 数の書き表し方

左横書き文章での原則	算用数字（アラビア数字）を用いる
数のけたの区切り	三けたごとにコンマ（,）を用いる
小数，分数，帯分数の示し方の原則	例：小数　　0.375 　　　分数　　1/2　または　$\frac{1}{2}$ 　　　帯分数　1½　または　$1\frac{1}{2}$
日付	平成30年4月1日　平成30.4.1
漢字を用いること	数の感じの少なくなった場合 例：一般　一部（一部分の意）　一時保留
	「ひとつ」「ふたつ」「みっつ」などと読む場合 例：一つずつ　二間続き　三月ごと　五日目
漢字を用いることが可能	万以上の数を書き表すときの単位として，最後にのみ用いる場合 例：100億　1,000万
	概数を示す場合 例：数十日　四，五人　五，六十万

4．文章記号（くぎり符号，くりかえし符号）

　1946年3月に文部省教科書局調査課国語調査室によって，『くぎり符號の使ひ方〔句讀法〕』（案）（http://dl.ndl.go.jp/info:ndljp/pid/1126388）および『くりかえし符號の使ひ方〔をどり字法〕』（案）（http://dl.ndl.go.jp/info:ndljp/pid/1126387）が作成発表されています。

　それを付録として転載してあるのが，『国語シリーズ56　国語表記の問題』（宇野（1963）pp.58-83）です（著作権所有は文部省）。以下で，「くぎり符号の使い方〔句読法〕（案）」と「くり返し符号の使い方〔をどり字法〕（案）」をみていきます。

　くぎり符号は，文脈をあきらかにして文の読解を正しくかつ容易にするものです。約20種の中から，その文の内容と文体に応じて適当に用います。くり返し符号は，同字反復の符号です。畳字・重文・送り字・重ね字・をどり字・ゆすり字・ゆすりがな等と呼ばれて来ましたが，「くり返し符号」という呼び名を用いています。くり返し符号は5種です。

　「主として縦書きに用いるくぎり符号」（**資料－9**），「もっぱら横書きに用いるくぎり符号」（**資料－10**）および「くり返し符号」（**資料－11**）を，以下に

示します。

資料－9　主として縦書きに用いるくぎり符号

	(1)	(2)	(3)	(4)	(5)	(6)	(7)	(8)	(9)	(10)	(11)	(12)
名称	マル（句点）	テン（読点）	ナカテン	ナカセン	テンテン	テンセン	カギ／フタエカギ	カッコ／ヨコカッコ	ツナギ	ツナギテン	ワキテン	ワキセン	疑問符	感嘆符
符号	。	、 又は ，	・ 又は ，	―	：：	‥‥‥	「」『』	（）〔〕	＝	—	、、、	｜	？	！

資料－10　もっぱら横書きに用いる区切り符号

(1)	ピリオド（トメテン）	．
(2)	コンマ	，
(3)	コロン（カサネテン）	：
(4)	セミコロン（テンコンマ）	；
(5)	引用符（カコミ）	《 》　（ ）　" "
(6)	ハイフン（ツナギ）	-
(7)	半ガッコ	）

　「資料－9　主として縦書きに用いるくぎり符号」，「資料－10　もっぱら横書きに用いるくぎり符号」および「資料－11　くりかえし符号」の使い方は，ウェブサイトからのダウンロード形式になっています。

資料−11　くりかえし符号

(5)	(4)	(3)	(2)	(1)
ノノ点	二の字点	同の字点	くの字点	一つ点
〃	〻	々	〱	、
数字や語句を代表するもの	漢字につけて用いるもの	かなまたはかな交じりの語句につけて用いるもの	かなにつけて用いるもの	

5．現代仮名遣い

2010年11月30日内閣告示第4号により一部改正されております。

資料−12　原則に基づくきまり（第1）

直音	あ か さ た な は ま や ら わ	い き し ち に ひ　　み　　り	う く す つ ぬ ふ む ゆ る	え け せ て ね へ め　　れ	お こ そ と の ほ も よ ろ を				
						が ざ だ ば ぱ	ぎ じ ぢ び ぴ	ぐ ず づ ぶ ぷ	げ ぜ で べ ぺ	ご ぞ ど ぼ ぽ
	例	あさひ（朝日）　きく（菊）　さくら（桜）　ついやす（費）　にわ（庭） ふで（筆）　もみじ（紅葉）　ゆずる（譲）　れきし（歴史） わかば（若葉）　えきか（液化）　せいがくか（声楽家）　さんぽ（散歩）								

巻末資料

251

拗音		きゃ きゅ きょ ぎゃ ぎゅ ぎょ しゃ しゅ しょ じゃ じゅ じょ ちゃ ちゅ ちょ ぢゃ ぢゅ ぢょ にゃ にゅ にょ ひゃ ひゅ ひょ びゃ びゅ びょ 　　　　　　　ぴゃ ぴゅ ぴょ みゃ みゅ みょ りゃ りゅ りょ 例　しゃかい（社会）　しゅくじ（祝辞）　かいじょ（解除） 　　　りゃくが（略画） 〔注意〕拗音に用いる「や，ゆ，よ」は，なるべく小書きにする
撥音		ん 例　まなんで（学）　みなさん　しんねん（新年）　しゅんぶん（春分）
促音		っ 例　はしって（走）　かっき（活気）　がっこう（学校）　せっけん（石鹸*） 〔注意〕促音に用いる「っ」は，なるべく小書きにする
長音	ア列の 長音	ア列の仮名に「あ」を添える 例　おかあさん　おばあさん
	イ列の 長音	イ列の仮名に「い」を添える 例　にいさん　おじいさん
	ウ列の 長音	ウ列の仮名に「う」を添える 例　おさむうございます（寒）　くうき（空気）　ふうふ（夫婦） 　　　うれしゅう存じます　きゅうり　ぼくじゅう（墨汁） 　　　ちゅうもん（注文）
	エ列の 長音	エ列の仮名に「え」を添える 例　ねえさん　ええ（応答の語）
	オ列の 長音	オ列の仮名に「う」を添える 例　おとうさん　とうだい（灯台） 　　　わこうど（若人）　おうむ 　　　かおう（買）　あそぼう（遊）　おはよう（早） 　　　おうぎ（扇）　ほうる（放）　とう（塔） 　　　よいでしょう　はっぴょう（発表） 　　　きょう（今日）　ちょうちょう（蝶々*）

注：＊印は，常用漢字表に掲げられていない漢字。
　　下線を施した仮名は，「表記の慣習による特例」に示す場合にだけ用いるものである。

資料−13 表記の慣習による特例（第２）

助詞の「を」	「を」と書く 例　本を読む　岩をも通す　失礼をばいたしました 　　　やむをえない　いわんや…をや　よせばよいものを 　　　てにをは
助詞の「は」	「は」と書く 例　今日は日曜です　山では雪が降りました 　　　あるいは　または　もしくは 　　　いずれは　さては　ついては　ではさようなら　とはいえ 　　　惜しむらくは　恐らくは　願わくは 　　　これはこれは　こんにちは　こんばんは 　　　悪天候もものかは ［注意］次のようなものは，この例にあたらないものとする 　　　　いまわの際　すわ一大事 　　　　雨も降るわ風も吹くわ　来るわ来るわ　きれいだわ
助詞の「へ」	「へ」と書く 例　故郷へ帰る　…さんへ　母への便り　駅へは数分
動詞の「いう（言）」	「いう」と書く 例　ものをいう（言）　いうまでもない　昔々あったという 　　　どういうふうに　人というもの　こういうわけ
「ぢ」「づ」	同音の連呼によって生じた「ぢ」「づ」 例　ちぢみ（縮）　ちぢむ　ちぢれる　ちぢこまる 　　　つづみ（鼓）　つづら　つづく（続）　つづめる（約）　つづる（綴）* ［注意］「いちじく」「いちじるしい」は，この例にあたらない 二語の連合によって生じた「ぢ」「づ」 例　はなぢ（鼻血）　そえぢ（添乳）　もらいぢち　そこぢから（底力） 　　　ひぢりめん 　　　いれぢえ（入知恵）　ちゃのみぢゃわん 　　　まぢか（間近）　こぢんまり 　　　ちかぢか（近々）　ちりぢり 　　　みかづき（三日月）　たけづつ（竹筒）　たづな（手綱）　ともづな 　　　にいづま（新妻）　けづめ　ひづめ　ひげづら 　　　おこづかい（小遣）　あいそづかし　わしづかみ　こころづくし（心尽） 　　　てづくり（手作）　こづつみ（小包）　ことづて　はこづめ（箱詰） 　　　はたらきづめ　みちづれ（道連） 　　　かたづく　こづく（小突）　どくづく　もとづく　うらづける 　　　ゆきづまる　ねばりづよい 　　　つねづね（常々）　つくづく　つれづれ なお，次のような語については，現代語の意識では一般に二語に分解しにくいもの等として，それぞれ「じ」「ず」を用いて書くことを本則とし，「せかいぢゅう」「いなづま」のように「ぢ」「づ」を用いて書くこともできるものとする

	例　せかいじゅう（世界中） 　　いなずま（稲妻）　かたず（固唾）　きずな（絆*）　さかずき（杯） 　　ときわず　ほおずき　みみずく 　　うなずく　おとずれる（訪）　かしずく　つまずく　ぬかずく 　　ひざまずく 　　あせみずく　くんずほぐれつ　さしずめ　でずっぱり　なかんずく 　　うでずく　くろずくめ　ひとりずつ 　　ゆうずう（融通）
［注意］	次のような語の中の「じ」「ず」は，漢字の音読みでもともと濁っているものであって，上記のいずれにもあたらず，「じ」「ず」を用いて書く 例　じめん（地面）　ぬのじ（布地） 　　ずが（図画）　りゃくず（略図）
オ列の仮名 に「お」を 添えて書く	歴史的仮名遣いでオ列の仮名に「ほ」または「を」が続くものであって，オ列の長音として発音されるか，オ・オ，コ・オのように発音されるかにかかわらず，オ列の仮名に「お」を添えて書く 例　おおかみ　おおせ（仰）　おおやけ（公）　こおり（氷・郡△）　こおろぎ 　　ほお（頬・朴）　ほおずき　ほのお（炎）　とお（十） 　　いきどおる（憤）　おおう（覆）　こおる（凍）　しおおせる 　　とおる（通）　とどこおる（滞）　もよおす（催） 　　いとおしい　おおい（多）　おおきい（大）　とおい（遠） 　　おおむね　おおよそ
付記	次のような語は，エ列の長音として発音されるか，エイ，ケイなどのように発音されるかにかかわらず，エ列の仮名に「い」を添えて書く 例　かれい　せい（背△） 　　かせいで（稼）　まねいて（招）　春めいて 　　へい（塀）　めい（銘）　れい（例） 　　えいが（映画）　とけい（時計）　ていねい（丁寧）

注：＊印は，常用漢字表に掲げられていない漢字。
　　△印は，常用漢字表に掲げられていない音訓。

6．送り仮名の付け方

　2010年11月30日内閣告示第3号により一部改正されました。

　通則とは，単独の語および複合の語の別，活用のある語および活用のない語の別等に応じて考えた送り仮名の付け方に関する基本的な法則をいいます。必要に応じ，例外的な事項または許容的な事項を加えてあります。

　したがって，各通則には，本則のほか，必要に応じて例外および許容を設けました。ただし，通則7は，通則6の例外に当たるものですが，該当する語が多数に上るので，別の通則として立てたものです。

資料-14 送り仮名の付け方—単独の語*

活用のある語 (動詞・形容詞・形容動詞)	通則1	本則 送り仮名の付け方の基本的な法則と考えられるもの
		例外 本則には合わないが，慣用として行われていると認められるものであって，本則によらず，これによるもの
		許容 本則による形とともに，慣用として行われていると認められるものであって，本則以外に，これによってよいもの
		(注意)
	通則2	本則
		許容
		(注意)
活用のない語 (名詞・副詞・連体詞・接続詞)	通則3	本則
		例外
	通則4	本則
		例外
		許容
	通則5	本則
		例外

＊：単独の語：漢字の音または訓を単独に用いて，漢字一字で書き表す語。

資料-15 送り仮名の付け方—複合の語*

通則6	本則 複合の語を書き表す漢字の，それぞれの音訓を用いた単独の語の送り仮名の付け方による	活用のある語
		活用のない語
	許容 読み間違えるおそれのない場合は，送り仮名を省くことができる	
	(注意)	
通則7	慣用に従って，送り仮名を付けない	特定の領域の語で，慣用が固定していると認められるもの
		一般に，慣用が固定していると認められるもの
		(注意)

＊：漢字の訓と訓，音と訓などを複合させ，漢字二字以上を用いて書き表す語。

p.254の説明を,「単独の語」,「複合の語」,「付表の語」に分けて,「**資料-14**」から「**資料-16**」として示します。

資料-16 送り仮名の付け方―付表の語*

| 「常用漢字表」の付表に掲げてある語のうち,送り仮名の付け方が問題となる語 | 送り仮名を送る |
| | 送り仮名をつけない |

*:「常用漢字表」の付表に掲げてある語のうち,送り仮名の付け方が問題となる語。

上記で記した「資料-14 送り仮名の付け方―単独の語」,「資料-15 送り仮名の付け方―複合の語」,「資料-16 送り仮名の付け方―付表の語」の説明と例は,ウェブサイトからのダウンロード形式になっています。

7. 外来語の表記

1991年6月28日に内閣告示第2号をもって告示されました。「本文」と「付録」(本書では割愛)とがあります。

本文は,「「外来語の表記」に用いる仮名と符合の表」(**資料-17**),「外来語の表記 留意事項その1 (原則的な事項)」(**資料-18**),「外来語の表記 留意事項その2 (細則的な事項)」(**資料-19**)から構成されています。

資料−17 「外来語の表記」に用いる仮名と符合の表

第1表

ア	イ	ウ	エ	オ				
カ	キ	ク	ケ	コ				
サ	シ	ス	セ	ソ			シェ	
タ	チ	ツ	テ	ト			チェ	
ナ	ニ	ヌ	ネ	ノ	ツァ		ツェ	ツォ
ハ	ヒ	フ	ヘ	ホ		ティ		
マ	ミ	ム	メ	モ	ファ	フィ	フェ	フォ
ヤ		ユ		ヨ			ジェ	
ラ	リ	ル	レ	ロ		ディ		
ワ							デュ	
ガ	ギ	グ	ゲ	ゴ				
ザ	ジ	ズ	ゼ	ゾ				
ダ			デ	ド				
バ	ビ	ブ	ベ	ボ				
パ	ピ	プ	ペ	ポ				

第2表

キャ		キュ		キョ			イェ	
シャ		シュ		ショ		ウィ	ウェ	ウォ
チャ		チュ		チョ	クァ	クィ	クェ	クォ
ニャ		ニュ		ニョ		ツィ		
ヒャ		ヒュ		ヒョ			トゥ	
ミャ		ミュ		ミョ	グァ			
リャ		リュ		リョ			ドゥ	
ギャ		ギュ		ギョ	ヴァ	ヴィ	ヴ	ヴェ	ヴォ
ジャ		ジュ		ジョ			テュ	
ビャ		ビュ		ビョ			フュ	
ピャ		ピュ		ピョ			ヴュ	

ン（撥音）
ッ（促音）
ー（長音記号）

注：1．第1表に示す仮名は，外来語や外国の地名・人名を書き表すのに一般的に用いる仮名とする。
2．第2表に示す仮名は，外来語や外国の地名・人名を原音や原つづりになるべく近く書き表そうとする場合に用いる仮名とする。
3．第1表・第2表に示す仮名では書き表せないような，特別な音の書き表し方については，ここでは取決めを行わず，自由とする。
4．第1表・第2表によって語を書き表す場合には，おおむね留意事項を適用する。

巻末資料

資料－18 留意事項その1（原則的な事項）

1	この『外来語の表記』では，外来語や外国の地名・人名を片仮名で書き表す場合のことを扱う
2	「ハンカチ」と「ハンケチ」，「グローブ」と「グラブ」のように，語形にゆれのあるものについて，その語形をどちらかに決めようとはしていない
3	語形やその書き表し方については，慣用が定まっているものはそれによる。分野によって異なる慣用が定まっている場合には，それぞれの慣用によって差し支えない
4	国語化の程度の高い語は，おおむね第1表に示す仮名で書き表すことができる。一方，国語化の程度がそれほど高くない語，ある程度外国語に近く書き表す必要のある語—特に地名・人名の場合—は，第2表に示す仮名を用いて書き表すことができる
5	第2表に示す仮名を用いる必要がない場合は，第1表に示す仮名の範囲で書き表すことができる 例　イェ→イエ　　ウォ→ウオ　　トゥ→ツ，ト　　ヴァ→バ
6	特別な音の書き表し方については，取決めを行わず，自由とすることとしたが，その中には，例えば，「スィ」「ズィ」「グィ」「グェ」「グォ」「キェ」「ニェ」「ヒェ」「フョ」「ヴョ」等の仮名が含まれる

　p.256で記した「外来語の表記　留意事項その2（細則的な事項）」（資料－19）は，ウェブサイトからのダウンロード形式になっています。

8．印刷校正記号

　「JIS Z 8208：2007　校正記号」は，印刷校正記号を規定し，校正の指示内容を明確にすることによって，印刷物作成の能率向上を図ることを目的としています。
　この規格は，著作権法での保護対象となっています。したがって，**資料－20**は，「JIS Z 8208：2007」の「表1　修正の指示及び組版指定に用いる主記号」，「表2　主性の指示及び組版指定に用いる併用記号」から，抜粋したものです。

　「資料－20　印刷校正記号表」は，ウェブサイトからのダウンロード形式になっています。

引用・参考文献

《引用・参考文献》

奥山益朗編（1976）『敬語用法辞典』東京堂出版。
北原保雄編（2002）『明鏡 国語辞典』大修館書店。
産労総合研究所編（2002a）「判例日経クイック情報（電子メール）事件」『労働判例』No.825，産労総合研究所，pp.50-65。
―――（2002b）「判例 F社Z事業部（電子メール）事件」『労働判例』No.826，産労総合研究所，pp.76-90。
杉田あけみ（1994）『ビジネス文書の書き方・作り方〈第2版〉―主要例文と作成のポイント』中央経済社。
―――（1995）『これだけは知っておきたい ビジネス文書の作り方・活かし方』政経研究所。
―――（2002）『すぐに使えるビジネス文書350』政経研究所。
砂押以久子（2002）「判例解説② 従業員の電子メール 私的利用をめぐる法的問題 F社Z事業部（電子メール）事件 日経クイック情報（電子メール）事件」産労総合研究所編（2002c）『労働判例』No.827，産労総合研究所，pp.29-39。
辰濃和男（1994）『文章の書き方』岩波書店。
新村出編（2018）『広辞苑〈第7版〉』岩波書店。
日本工業標準調査会（2007）「印刷校正記号　JIS Z8208」日本規格協会。
藤原智美（2011）『文は一行目から書かなくていい―検索，コピペ時代の文章術』プレジデント社。
文化庁編（1995）「よい文章を書くために」『言葉に関する問答集　総集編』全国官報販売協同組合。
文化庁（2011）『新訂　公用文の書き表し方の基準（資料編）』第一法規。
文部省編（1952）『これからの敬語』文部省。
―――（1995）『公文書の書式と文例 4訂』ぎょうせい。

《引用URL》

宇野義方・文部省著作権所有（1963）「付録　くぎり符号の使い方［句読法］（案），くりかえし符号の使ひ方［をどり字法］（案）」『国語シリーズNo.56　国語表記の問題』教育図書 http://www.bunka.go.jp/kokugo_nihongo/sisaku/joho/joho/series/56/pdf/kokugo_series_056_05.pdf　（2018年4月30日現在）。
国税庁（2018）「印紙税法基本通達」https://www.nta.go.jp/law/tsutatsu/kihon/inshi/inshi03/01.htm　（2018年7月29日現在）。

総務省（2013-2018）「総務省 安心してインターネットを使うために 国民のための情報セキュリティサイト 用語辞典」http://www.soumu.go.jp/main_sosiki/joho_tsusin/security/glossary/01.html（2018年7月2日現在）。

電子政府の総合窓口（2016）「商業登記規則」http://elaws.e-gov.go.jp/search/elawsSearch/elaws_search/lsg0500/detail?lawId=339M50000010023#A（2018年7月29日現在）。

─────（2017a）「不動産登記規則」http://elaws.e-gov.go.jp/search/elawsSearch/elaws_search/lsg0500/detail?lawId=417M60000010018&openerCode=1#399（2018年7月29日現在）。

─────（2017b）「手形法」http://elaws.e-gov.go.jp/search/elawsSearch/elaws_search/lsg0500/detail?lawId=307AC0000000020（2018年7月29日現在）。

─────（2017c）「小切手法」http://elaws.e-gov.go.jp/search/elawsSearch/elaws_search/lsg0500/detail?lawId=308AC0000000057（2018年7月29日現在）。

─────（2018a）「印紙税法施行令」http://elaws.e-gov.go.jp/search/elawsSearch/elaws_search/lsg0500/detail?lawId=342CO0000000108#14（2018年7月29日現在）。

─────（2018b）「印紙税法」http://elaws.e-gov.go.jp/search/elawsSearch/elaws_search/lsg0500/detail?lawId=342AC0000000023#40（2018年7月29日現在）。

─────（2018c）「商法」http://elaws.e-gov.go.jp/search/elawsSearch/elaws_search/lsg0500/detail?lawId=132AC0000000048（2018年7月29日現在）。

日本工業標準調査会（1998）「日本工業規格 紙加工仕上寸法」日本規格協会http://www.jisc.go.jp/pdfb3/PDFView/ShowPDF/wAMAAMm5Fjk8FTK7bAhJ（2018年6月10日現在）。（注：アクセスごとにURLが異なる）

─────（2010）「日本工業規格 封筒」日本規格協会http://www.jisc.go.jp/pdfa0/PDFView/ShowPDF/SQAAABgjzMjneRgcHJJk（2018年6月10日現在）。（注：アクセスごとにURLが異なる）

日本ビジネスメール協会（2018）「ビジネスメール実態調査2018の総評」http://www.sc-p.jp/news/pdf/180605PR.pdf（2018月7月2日現在）。

文化庁文化審議会国語分科会（2007）「敬語の指針（答申）」文化庁文化審議会http://www.bunka.go.jp/seisaku/bunkashingikai/sokai/sokai_6/pdf/keigo_tousin.pdf（2018年4月21日現在）。

文部省（1946a）『くぎり符號の使ひ方［句讀法］』（案）http://dl.ndl.go.jp/info:ndljp/pid/1126388（2018年4月30日現在）。

─────（1946b）『くりかへし符號の使ひ方［をどり字法］』（案）http://dl.ndl.go.jp/info:ndljp/pid/1126387（2018年4月30日現在）。

[著者紹介]

杉田 あけみ（すぎた・あけみ）

千葉経済大学短期大学部名誉教授
昭和女子大学大学院生活機構研究科生活機構学専攻（博士後期課程）修了　博士（学術）

数社の民間企業を経て，
1984〜2018年　千葉経済大学短期大学部講師―助教授―教授
1986〜2016年　松蔭大学非常勤講師

主な著書

単　著　『すぐに使えるビジネス文書350』政経研究所，『ダイバーシティ・マネジメントの観点からみた企業におけるジェンダー』学文社，など。

共　著　『ビジネス マネジメント 第二版』学文社，『福祉社会における生活・労働・教育』明石書店，『講座・経営教育（3）経営教育論』中央経済社，『女性と仕事』御茶の水書房，など。

そのまま使える！ビジネス文書
――社内文書・社外文書・ビジネスメール・手書き文書

2019年4月10日　第1版第1刷発行

著　者　杉　田　あけみ
発行者　山　本　　　継
発行所　㈱中央経済社
発売元　㈱中央経済グループ
　　　　パブリッシング

〒101-0051　東京都千代田区神田神保町1-31-2
電話　03（3293）3371（編集代表）
　　　03（3293）3381（営業代表）
http://www.chuokeizai.co.jp/
印刷／東光整版印刷㈱
製本／㈲井上製本所

Ⓒ 2019
Printed in Japan

＊頁の「欠落」や「順序違い」などがありましたらお取り替えいたしますので発売元までご送付ください。（送料小社負担）
ISBN978-4-502-29571-5　C2034

JCOPY〈出版者著作権管理機構委託出版物〉本書を無断で複写複製（コピー）することは，著作権法上の例外を除き，禁じられています。本書をコピーされる場合は事前に出版者著作権管理機構（JCOPY）の許諾を受けてください。
JCOPY〈http://www.jcopy.or.jp　eメール：info@jcopy.or.jp　電話：03-3513-6969〉

一般社団法人 日本経営協会[監修]　特定非営利活動法人 経営能力開発センター[編]

経営学検定試験公式テキスト

経営学検定試験（呼称：マネジメント検定）とは，
経営に関する知識と能力を判定する唯一の全国レベルの検定試験です。

① 経営学の基本（初級受験用）

② マネジメント（中級受験用）

③ 人的資源管理/経営法務（中級受験用）

④ マーケティング/IT経営（中級受験用）

⑤ 経営財務（中級受験用）

中央経済社

スキルアップや管理職研修に大好評！

ビジネスマネジャー検定試験®公式テキスト〈2nd edition〉
―管理職のための基礎知識　　東京商工会議所[編]

管理職としての心構え，コミュニケーションスキル，業務管理のポイント，リスクマネジメントの要点が1冊で身につく！

ビジネスマネジャー検定試験®公式問題集〈2019年版〉東京商工会議所[編]

公式テキストに準拠した唯一の公式問題集。

過去問題3回分（第6回～第8回試験）を収録。

テーマ別模擬問題付き。

WEB試験「ビジネスマネジャーBasicTest®」の概要とサンプル問題を紹介。

A5判・ソフトカバー・372頁　　A5判・ソフトカバー・232頁

中央経済社

ベーシック＋プラス
Basic Plus

いま新しい時代を切り開く基礎力と応用力を兼ね備えた人材が求められています。

このシリーズは，各学問分野の基本的な知識や標準的な考え方を学ぶことにプラスして，一人ひとりが主体的に思考し，行動できるような「学び」をサポートしています。

ベーシック＋専用HP

教員向けサポートも充実！

中央経済社